EDUCATION

沈丽新

著

让教育真正发生

长江出版传媒

长江文艺出版社

图书在版编目（CIP）数据

让教育真正发生 / 沈丽新著. --武汉：长江文艺
出版社，2022.9
（大教育书系）
ISBN 978-7-5702-2751-8

Ⅰ. ①让… Ⅱ. ①沈… Ⅲ. ①教育－随笔－中国－文
集 Ⅳ. ①G52-53

中国版本图书馆 CIP 数据核字 (2022) 第 112582 号

让教育真正发生
RANG JIAOYU ZHENZHENG FASHENG

责任编辑：马　蓓　　　　　　　　责任校对：毛季慧
封面设计：璞茜设计　　　　　　　责任印制：邱　莉　王光兴

出版：长江出版传媒 ｜ 长江文艺出版社
地址：武汉市雄楚大街 268 号　　　邮编：430070
发行：长江文艺出版社
http://www.cjlap.com
印刷：湖北新华印务有限公司

开本：720 毫米×970 毫米　　1/16　　印张：16.75　　插页：1 页
版次：2022 年 9 月第 1 版　　　2022 年 9 月第 1 次印刷
字数：223 千字

定价：42.00 元

在真正的教育者的故事背后

李　茂[*]

做过十来年的教育媒体工作，让我对教师这个职业群体有一种特殊的敏锐。和很多同行一样，我似乎练就了一种媒体人的嗅觉，能很快识别出那些学生心目中的好老师。

这样说显然有一些自大，其实无非是自己对于好老师——准确说是真正的教育者——有一些执念。

我曾编译过历年美国"全国年度教师"的故事，并跟国内多位"超越学科教学"的教师有过持久的深入交流，我发现了判断一位教师是不是真正的教育者的标志。

判断一位教师是不是真正的教育者的标志就是：

看他/她能不能如数家珍地讲述一个个学生的故事。

我的研究生同学范玮能做到——她的表姐曾对她说过这样的话："如果每个老师都像你那样提起学生眉飞色舞，孩子们就幸福了。"对此我深信不疑。

苏州的沈丽新老师能做到——看看她那么多关于她"孩子"的"记录"，你就知道为什么那么多家长都期望把孩子交给她。

* 李茂，北京译迪智库教育创新培育工作室创办人，教育媒体与出版策划人，曾任《中国教师报》采编部副主任。

我深信在中国的每一所学校，我们都能找到这样的教师。无论他/她教何学科，是何职称，是否毕业于名校。

美国"全国年度教师"托尼·马伦在捧起象征美国教师最高荣誉的奖杯后，说出了全天下所有真正的教育者的心声：

> 我后来终于意识到，最优秀的教师有一个共同的品质：他们知道如何读懂故事。他们知道走进教室大门的每一个孩子都有一个独一无二、引人入胜，但却没有完成的故事。

> 真正优秀的教师能够读懂孩子的故事，而且能够抓住不平常的机会帮助孩子创作故事。真正优秀的教师知道如何把信心与成功写入故事中，他们知道如何编辑错误，他们希望帮助孩子实现一个完美结局。真正优秀的教师知道，他们有能力让孩子快乐，也有能力让孩子悲伤；有能力让孩子感到自信，也有能力让孩子无所适从；有能力让孩子感到自己是被需要的，也有能力让孩子感到自己被抛弃。当我们施与我们的关爱，足够关爱到读懂他们的故事，学生们就会感受到。

> ······

> 这就是所有真正优秀的教师的共同之处。他们知道如何读懂一个孩子的故事，理解在学业、情感或身体上遭受打击的学生需要教师给与他们一种积极的关系，因为太多的时候，他们在生活中孤立无援。他们希望我们为他们的黑白世界染上色彩，他们想要得到的不仅仅是教育——他们想要我们帮他们医治病痛。是的，教师是神奇的医师。每一次我们表扬学生，每一次我们让他们放声大笑，每一次我们占用自己的私人时间聆听他们的故事，我们都在帮助他们治愈得快一些。

> 感谢所有的人，我们的教师同仁们，为你们花时间读懂你学生的故事······让我们一道去寻找教会所有的人读懂孩子故事的勇气、力量和智慧。

读懂孩子的故事，帮助孩子创作自己的故事，然后，讲述孩子的故事，如数家珍一般，脸上带着幸福的笑。

真正的教育者，已然娴熟地掌握了他的学科教学——当然，不断地提高和改进是必不可少的——心底有一块敞亮的天地，装着他一个个被唤作孩子的学生。他不是语文教师，不是数学教师，不是英语教师，不是生物教师，不是物理教师……他只是"教师"。

什么是以人为本的教育？当我们的教师心里装着一个个学生——而非只有教学任务和分数，当我们的校长和管理者心里装着一位位教师——那就是以人为本的教育。

在一个个被讲述出来的故事背后，是教育者对学生作为一个完整的人的关切与关怀，是教育者为最大可能帮到学生、唤醒学生、激发学生所具备的专业素养。

在离开媒体之后，我一直想弄清楚教育者的这些故事究竟是如何发生的，我试图"技术性地"从这些带着体温的故事中"剥离"出方法、策略和设计。我知道这样做并不高明，甚至可谓笨拙，但我还是发现，这些真正的教育者面对学生的种种心智付出——当然还有情感付出甚至体力付出——是可以被一定程度提取、提炼的，而经过提取、提炼后得到的各种"成果"，能够给到更多的为师者以启发。

这样，故事就不只是一个故事了。

原来我也是有巨大财富的人啊

沈丽新

工作多年，上过很多有意思的公开课，也获得过不少课堂教学的奖项。回望自己的教学生涯，印象最深的却并不是那些看起来颇为荣耀的瞬间，而是与一个一个具体的学生相处的片段。在那些片段里，我时不时的挫败感、随之而来的反省和不断调整的陪伴方式，最终形成并传递给学生的成长助力，以及看到学生心智有进益时的欣喜，都明晰而生动地镌刻在我的记忆深处。

这些当下对过往的回忆，以及未来对当下的回忆，我都视之为在教育现场得到的最大奖赏。

是的，我讲得出无数个学生的成长故事。一开始，我认为这是很私密的、没有任何必要公开的，仅仅发生在我面对的那个孩子身上或者发生在那个孩子与我之间，于他人是没有影响的、没有助益的。渐渐地，我的学生让我意识到：不是这样的。课堂内外，每一个学生单独发生的事，教师如何去面对、去处理，都不仅仅影响到事件当事人，也有可能或深或浅影响到周边的一个个学生，甚至全班学生。

一个六年级孩子小学毕业前曾给我留言："这学期，我们班的 D 和 S 用上社团的名义不参加课间操，您不是班主任，发现后也对他们进行了批评。您还在英语课上用几分钟时间告诉我们做人不能撒谎，让那两位成绩很好的同学进行反思。我觉得这才达到了一位合格老师的标准。只有让学生知道了做人的根本，才是老师。在此，我的心里涌出了说不尽的感激之情。"这段留言更是让我确认：教室里那些不被批评的旁观者，其实也是教师教育行为的评判者、审视者。

所以，不记得从什么时候开始有了这样的想法：我把学生的成长故事记录下来后，如果被他人读到，会不会引发一点思考、触发一点调整呢？

我很擅长关注细节，也习惯自我反省——总是会叩问自己：我应该怎样调整自己、改变自己，才可以更好地帮助到学生？事实上，在教育现场的很多观察、思考以及行动，都是我记录的素材。

其实我很早就开始记录各种各样的故事。一开始用纸与笔，偶尔记录，纯属私人笔记。渐渐地用电脑记录，整理在一个个文件夹里，并慢慢地把这些故事一篇篇贴在网上——从起初的论坛，到后来的博客及现在的个人公众号（"沈丽新教育现场"）上。

我尊敬的一个教育学者曾经在他的一篇文章里说过："教师最大的财富，就是珍藏于心的、他和他学生的故事。"读到这句话的瞬间，突然有一种莫名的窃喜——原来我也是有巨大财富的人啊！我珍存了那么多的学生成长故事——记录下来的就有好几百万字。在那些故事中，成长的又岂止是学生呢？随之成长的，何尝不是我这个"儿童成长的陪伴者"？

所有及时的记录，伴随我持续的阅读与思考，不断促进了自己身为教师的成长。我那些记录表达的各种行动与研究，也像微弱的光，照到偶然间"遇见"我的部分同行——多年来，我收到过很多致谢。有前同事，有新同事，有往日的学生，有陌生的读者，有听过我讲座的听众……不同的群体，却有共同的表达。大家总是会有很令人动容的句子送给我："谢谢跟你一起共事的时光，每天听你讲你和学生的故事，学到很多。""谢谢你的故事，在你的书中学到很多。""谢谢你答应加我的微信，跟您的交流让我的人生豁然开朗。"……总觉得，其实他们最该感谢的不是我，而是他们自已。他们在各种形式的"遇见"我之后，选择继续阅读我、倾听我。

所以，我在自己记录的学生成长故事中选择了其中一小部分结集出版了。熟悉或者陌生的"你"，会"遇见"这本书吗？

愿每一个读到这本书的"你"，都深觉值得。

目　录

第一辑　和学生在一起

第二辑 像孩子一样天真地看世界

第三辑　陪学生一起成长

第一辑

和学生在一起

孩子，我要你知道

洗手的时候，负责这一层楼面卫生的清洁工阿姨向我告状：放在路边的水桶，两次被同一个孩子打翻了，而且是故意的。她很生气，扯了我要去指认那个孩子。我理解她的生气，随她去找那个小顽童，准备好好批评教育。

然而，当看到清洁工指的孩子是平（化名）的时候，我有点迟疑了。是的，迟疑了。因为他的种种不可理喻和他妈妈的种种莫名其妙，我暗暗发誓：只要他不当面对我无礼，我会容忍他种种怪异、乖张，并坚决不跟他啰嗦。这个"誓言"后面，有着太多太多心酸与无奈。

我迟疑了，却还是走了过去。走向他，也走向责任与理智。既然我看见了他的过错，我一定有必要，让他知道一点点他本该知道的道理。

请他跟着我回办公室，开始谈话："老师请你来，想告诉你一个道理：如果你不能帮助别人，那就尽量不要给别人增加麻烦。这是为人处世应该遵守的最低准则。你仔细想一想，这句话对不对？"他神色戒备，我却尽最大可能表达着我的平和。

他仔细想想，然后再点头："这句话是对的。"

"爸爸妈妈有没有教育过你类似的话语？"

"没有。"

"那是你爸爸妈妈粗心了。今天老师告诉了你这个道理，你也觉得是对的，那么希望你以后一直遵循这句话。"

他点头。

今天能如此温顺，大为可喜。

"老师一直是相信这句话的，因此我尽量不去给别人增加麻烦。你仔细想一想，这两天有没有给别人增加过麻烦呢？"

他看到刚才那个清洁工了，所以很诚实地承认："有。我把水泼在地上。"

"地上脏了，阿姨去拖地，那是她分内的工作。你把整桶水泼在地上，阿姨重新去拖地，就不是她分内的工作了。所以说你给她增加了麻烦，能同意吗？"

他点头。

"那你把整桶水泼在地上这件事，有没有做错呢？"

"有。"

"知道错了应该怎么办呢？"

"下次我再也不这样做了。"

"好的，这很好。可是，做错了事情要承担后果，知道不知道？阿姨已经把地拖干了，所以不用你去拖地了，但你给她增加了麻烦，我觉得你有必要向阿姨道歉。"

他迟疑了，向一个清洁工阿姨道歉？以他的"阅历"与家庭教育，搞卫生的阿姨绝对不是他尊敬的对象。我当然看出了他迟疑的原因，认真地告诉他："是的，你有必要向阿姨道歉。这才显得你真正知错了。你不要以为她不是老师，就可以不尊重她。如果学校里没有这些工人，我们学校的正常教学秩序都会无法维持。他们也一样应该得到每个老师和每个小朋友的尊敬。我尊敬每一个学校里的职工，会跟每个见面的职工问好。你慢慢想想我的话，如果你今天想通了，今天去道歉；如果你明天再想通，明天去道歉。你道歉之后，请告诉我一声。"

他弱弱地反驳："可是，老师，我把水泼在地上，不是故意想给阿姨增加麻烦。我只是跟同学闹着玩。"

这弱弱的态度已经让我无限喜欢了，要知道，要他"弱弱地"抗议是多么困难的一件事。"对啊！老师知道啊！知道你不是故意给阿姨增加麻烦，所以老师觉得你是顽皮。如果是故意，那就是恶劣了。顽皮和恶劣，还是有本质区别的。顽皮的孩子是一个淘气的孩子，恶劣的孩子是一个可恶的孩子。你并不可恶，但太淘气了，你的行为，已经给别人带来了麻烦。你必须为此而道歉。"

他再想想，终于领悟，微笑离去。过了一会儿，他跑过来报告："老师，我已经向阿姨道歉了。"

我及时肯定了他的"道歉"行为。也问自己，是否又是习惯性地"越位"？我并不是班主任。可是，"首先是教育，其次才是学科教学"一直是我秉持的观念。我愿意孩子们在跟我的接触中，能够懂得礼敬人世。

感悟

这真的是我很朴素的心愿：

孩子，我要你知道：尽量不给别人增加麻烦，这是你的自重，也是你对这个世界的尊重。只有你对世界足够的尊重，你才会获得更多的尊重。

孩子，我也要你知道：很多时候，我总是努力把你的种种顽皮行径看成是"淘气"，而不是"恶劣"。只有理解成"淘气"，或许我才有足够的勇气提醒自己：用善意的提醒代替讥讽，用耐心的解释代替反驳，用真心的教导代替听之任之。

不想你把谎言说出口

新接的四年级班级里有个女生慧（化名），课堂作业无比拖拉，极其引起我的瞩目。她很安静，很少说话，却总是神游四方。问她要作业本，她一定第一时间认真地把头钻桌肚里去仔细找，找到老师等不及她。

那一天，慧的家庭作业本没有交。

她这样答我："老师，家庭作业我做了的，忘在家里没有带来。"——真的吗？孩子，你的眼神如此躲闪，我怎么可能轻易相信你家庭作业写过之后忘了带？

但我还是微笑："请你明天把作业本带来交给老师批。"然后我补充了一句："你还记得作业内容是什么吗？"

她答："记得。"

我轻轻问："你确定吗？"

她声音很小，却坚定起来："确定啊——"最后一个"啊"字，拖得长长的，感觉怪怪的。

我忽略这个"啊"字带来的怪怪的感觉，将作业要求复述了一遍。

孩子，不想你将谎言说出口！所以，我不说"老师相信你"。只请你明天把作业本交给我。并且，为了防止你今天回去补作业的时候不知道补什么，还心平气和地把作业要求复述给你听。

第二天，我继续伏在小课桌上批改作业。

我有一本小小的记录本，记录着所有孩子的作业情况。于是，我继续唤着："慧，请你过来一下。"

慧走到我身边，我轻轻地询问。其他孩子或者在写作业，或者在自由活动。

"慧，你答应今天交的家庭作业本呢？"

她迟疑，又迟疑，然后说："老师，我还是忘了带。"

我看着她，认真地嘱咐："请你不要忘记明天将作业本交给我。请你答应我，好吗？"

慧答应道："好的。"

慧，还是不想你将谎言说出口！在心知肚明孩子没有做到某件事的时候，我不愿意抱着义正词严的态度，逼迫一个孩子说谎。不要你说谎，但是，我会用我温和的坚持告诉你，我记得你的作业本还没有交，我会一次次提醒你，直到你把作业本交上来。

今天，我再次心平气和地问慧要作业本。

慧手持一本空白作业本给我，很坚定地说："老师，我原来的作业本不见了，所以我——"

我打断了她的话，问："你决定在新本子上写一遍作业交给老师吗？"

她缓缓地点头："是。"

"好的。请你抓紧时间写作业。"我顺手在她作业本上写下作业要求。过去三天了，怕她不记得作业要求。然后，嘱咐她去拿英语书、文具盒，我搬来一张椅子，让她坐在我身边写。她大概写了有 10 分钟，因为速度比较慢。如果手脚比较麻利的孩子，或许 5 分钟时间就写完了。可是，如果放任她回到自己座位上去写，大概 20 分钟后还是会写不完。

慧，我知道你没做作业，但我就是不问"你作业做了没有"——我是不愿意你将谎言说出口啊！不希望你一次次拙劣地编造谎言，不想你用一次次谎言来麻痹自己，而只想让你感受到：沈老师虽然很温和，但是却一定会要你把作业完成。

感悟

很多时候，真的可以不生气、不发火，只要温和地坚持教师的目的，并且将教师这个目的坚定地传达给孩子，那么，孩子会知道自己必须怎么做的。我愿意相信是这样的。

有些话，就是要你自己说出口

昨天的六年级班级的回家作业，是一份 16K 的练习卷，单面。我上课的时候逐题讲评，要求孩子们：请认真听讲，争取订正到全对。

当然不可能订正到全对。孩子终究是孩子，他们常常会粗心与疏忽。在这么多填空、选择、改错等题型中，单词拼写少个字母、句子缺了标点符号，都正常。

在讲评之后，我逐一批阅，然后准备将应该订正的一大沓练习卷发下去。

立（化名）的练习纸让我惊呆了！错了那么多！基本上，每一大题只有个别题目正确。仔细看他的练习卷，有一题是"根据中文翻译句子"——真的不难，都是"谁能够做某事"，其实就是用情态动词 can 来表达的各种句子结构：陈述句、否定句、一般疑问句和特殊疑问句，这是本单元的新授知识。我真的很震惊！上课时我都逐一讲评过了，并且有足够的时间订正作业，他还错这么多？肯定是没有认真听讲。

一声叹息，为这样一个对自己学业不负责任的孩子。上个单元测验，80 分以下有三个孩子，立就是其中一个，但是，我还是不准备生气。如果我气急败坏冲进教室，训上几句"你怎么不认真听讲"，再把练习卷摔给他，也于事无补。可以想象那个场景：一个气急败坏、心浮气躁的老师和一个茫然、甚至木讷的孩子。他依然不知道该怎么订正作业，还得等教师自己强行按捺火气后再去辅导，那时候啊，师生各自的心头，皆不自在。

我寻找他错题的原因，发现他在句子中的人称代词都弄错了，该用主格的地方，或者用了宾格，或者用了物主代词。于是知道：他真的没有掌握"动词前面的人称代词用主格"这个知识点。

我抱着孩子们的练习卷进教室，发下去订正。

我坐在教室门口的一张课桌前，等待批改他们的订正作业。我这样嘱咐孩子们："批改订正作业时请有序排队，排我右边。"

然后唤一声："立，请你带着练习卷过来一下。"

他正茫然，对着满纸的"红叉"。

"老师发现你人称代词都不会正确运用，我们一起来复习一下。"我给他细细讲解，边讲边在他练习卷的空白处写我当时的板书——相关知识点。讲完，问他："会订正了吗？"

立的眼神渐渐明亮起来，坚定地回答："会。"

我叮嘱他："你下去订正完一大题就过来给我批改一大题，请你排我左边。"

需要订正练习卷上作业的孩子们渐渐开始过来排队了。每次英语作业，总是有很多孩子有错误，虽然只错一处、两处，但在我右边等待批改订正作业的队伍还是排得挤挤挨挨。

立在我的特别关照之下，成为唯一一个排在我左边的学生。每次订正一大题就过来请我批改一大题，一次又一次。

于是，他成了那个很早订正完作业的孩子。

看到了他的释然。

微笑起来的居然是我。

立，讲评过的家庭作业你还错那么多，我当然不能纵容你上课如此不认真。可是，我不想直接批评你。如果可以，我愿意让你自己感知羞愧，而不是惧于成年人（爸爸妈妈和老师）声色俱厉的批评。

课间，请立到我办公室，让他自行找出今天的课堂作业——还来不及整班批改。这样对他说："老师想帮你先批，好让你成为第一个完成课堂作业批改的孩子。"

他不说什么，却难掩偷偷喜滋滋的心情。他快速地找出课堂作业，我安静地给他批改，指出该订正的地方，然后他去订正，我再批改。

订正、批改完毕，在合上他课堂作业本时，我微笑着问："立，今天家庭作业练习卷，老师讲评过了你还错那么多，沈老师怎么做的？你有什么想法？"

他的声音小到几乎听不到，我却字字听真了："老师，我觉得很羞愧。以后我会好好写作业、好好听讲评、好好订正作业的。"

感悟

帕尔默说过：好教师是源自教师对自身的认同。其实，好孩子也该源于儿童对自我的认同。如果孩子懂得羞愧并因此开始积极主动地努力，其意义该远甚于被教师训斥之后的消极被动的妥协。

"老师，我觉得很羞愧。"立，你可知道，老师就是想要你把这样的话说出口。

与纪律无关

英语课上教学到"打电话"这个环节，安排孩子们同桌之间模拟练习，然后交流。

轮到亮（化名）的时候，他神情凛然地起立，有些过于正式与严肃，开始了和他同桌的对话——同桌是个乖乖的女孩子燕（化名）。

燕：Hello，this is Yan. May I speak to Liang?

亮：Sorry，wrong number. This is Zhou Jielun speaking.

亮的句子有些断断续续。燕卡壳了，可见这会儿的对话与刚才在座位上两个人练习时候的对话大有出入。全班孩子听得"周杰伦"三字就哄然大笑。一边笑，一边个个双眼发亮地盯着我，颇有期待。亮更是肃然地站立着，笔直地、恭敬地，也很试探性地。

如果是十年前，这样一个同学的"语出惊人"，将会遭到全班孩子基本一致的谴责。教师可以很清楚地在孩子们眼里读到他们对捣蛋鬼的愤怒与对课堂教学的担忧——担忧教师生气因此影响正常的上课。如今的课堂上，教师绝对不要指望这样的一句话会引起孩子们的"公愤"，大多数孩子乐滋滋地等着看"好戏"。

十年前的我，或许真会把学生这样的言行理解为"捣乱"。如今的我，却明白这只是渐入青春期孩子的心理特征——他们太喜欢自己成为大家瞩目的焦点了。

我依然微笑着，接上去一句：The singer Zhou Jielun's English is very good. Maybe this Zhou Jielun is not that Zhou Jielun. They just have the same name. （歌手周杰伦的英语非常好。也许这个周杰伦不是那个周杰伦。他们只是有相同的名字。）

孩子们再次哄笑，亮也微笑，很冷峻的模样。

在笑声中继续我们的英语课。

我课后并没有去找亮谈话。很多时候教师要给孩子们足够的空间——在彼此尊重的前提下。教师并不理解为孩子是在捣乱，那么事后的循循善诱也是多余。理解，懂得，这样即可。

接下去几节英语课是单元复习与测试，亮的表现一如既往，并不突兀。这个孩子有些进入青春期的模样，微微地桀骜不驯，但是并不过分。成绩只能算是中等，作业常常有订正现象。总之，不是所谓的"优秀学生"。

我接受并不是所有孩子都得是优秀学生。

又一个单元的新授课开始。有个教学片段，要求孩子们看图复述。非常讶然，亮是第一个举手的孩子；而且，他复述得极为流畅。我怔住了，孩子们也怔住了。他很矜持地坐下，且一副很冷漠、很不以为然的样子。

我当然懂得他内心的窃喜，却不准备漫无边际地表扬他，而是邀请了班上几个英语非常出色的女孩子来跟他 PK。结果英语尖子生复述得都没有他那般流畅，对比之下孩子们对亮的表现更为赞叹。我吟吟笑着注视着亮，他会更喜欢这样的 PK 吧？跟亮开了个玩笑：亮，你是周杰伦的忠实粉丝，学好了英语，更有可能成为"周杰伦第二"哦！孩子们再一次哗然而笑，亮依然矜持地淡笑着，却也有抹小小的欣喜难以掩饰。是因为老师记得他的偶像吗？整节课上，他都是那个最积极举手发言的孩子，包括后来的每一节英语课。

感悟

很多时候，教师巧妙地跟学生说话，可以省却烦恼无数。"巧妙地跟学生说话"，或许可以定位于教师的"教学策略"。所有的"策略"背后，都是一个教师、一个心智成熟的受过良好教育的成年人的心态与观念问题。要掌握"策略"，"观念"必须先行奠定。

至少，我、我们要明白：很多时候，孩子们的许多言行，与纪律无关。动辄就给孩子戴上"破坏纪律"的帽子，将给师生间带来一场场痛苦的磨难。其实大部分这样的磨难，都可以避免。

拔高他的高度

上午第三节课后，我匆匆赶往另外一个班级，管理学生午餐，也陪孩子们在教室里用餐。我惯常为孩子们分好汤后再自己吃饭。

进教室的时候，有的孩子已经在座位上就着自己的饭盒吃饭了，有的孩子正排队，等我给他们盛汤。

教室门口，毅（化名）正拿着那个放着汤碗和勺子的塑料筐对我说："老师，刚才磊（化名）把这个筐打翻了，这些汤碗和勺子都掉地上了，我来把它们拿去洗洗。"

我点头嘉许："谢谢你啊！"越过他的头顶，看见磊正若无其事在排队——等老师给他们盛汤。

我走过去，轻轻地问磊："那个筐是你打翻的吧？快拿卫生间去，把汤碗和勺子都用水冲一下。"毅听见了，急急地说："老师，让我去好了。"毅是那种最坐不住的男孩，除了做作业，干任何事都极为积极主动——换而言之最喜欢找各种机会离开座位。我温和地看看毅，说道："我要请磊去做这件事。当然，你可以帮助他。"

两个男孩子拿了装有部分汤碗和勺子的筐去卫生间了。

居然有部分孩子依然在排队，依然在等我给他们盛汤。

我给他们盛汤，不免好奇地问："磊不是把筐打翻了吗？你手里的这个碗不能用。"

那几个孩子都微笑："老师，我刚才已经把碗拿到卫生间去冲洗了。"只拿了一个碗？只为自己冲洗一个碗？

万千滋味齐涌！却依然只是微笑着，给他们依次盛汤。因为，现在是午餐时间。不想影响孩子们吃饭时候的心情，也不想孩子们因为要聆听我的教育而耽误用餐速度——后勤处的工作人员正在教室门外等着收拾餐具呢。

毅和磊回来了。

我认真地向毅道谢。然后继续我的工作——给孩子们分汤。

用餐时候，师生各自无话。我甚至没有去批评那个肇事的磊。影响一个孩子的食欲，未免有失一个成年人的道德。让孩子心情愉悦地吃好饭，这是最基本的。有话可以饭后再说。

中午的管理班，是我值班。

我用了这样的开场白："老师想用几分钟时间来跟各位同学交流一下今天午饭时候的事情。"

孩子们端端正正坐好。磊满脸惶恐。

我闲闲地继续："老师相信磊不是故意把那个筐打翻的。"一眼就看到磊满脸的感动了。"你们是孩子。孩子就是会经常犯错误的人。犯下过错或者失误都不可怕，老师是成年人，也经常会在生活中、工作中犯错。每次犯错之后，我都会积极主动地承担因为这个过错带来的问题，努力解决问题。"孩子们都释然了。

"所以，老师今天要批评磊了。不是因为他不小心把筐打翻了，而是他打翻之后没有及时做出补救措施——比如第一时间拿到卫生间去冲洗。老师希望大家以后不小心做错事之后，要以最快的速度努力去补救。"

"你怎么这么不小心呢"这样的批评真的很无谓的。孩子当然就是因为不小心才会犯下种种过错。教师最应该做的是告诉孩子：当你犯错之后怎么样的反应才是正确的。

想说的话不止这些啊！

回想起中午好几个只顾自己的孩子，就不无心酸。现在的孩子到底怎么了？不懂得"承担"，不懂得"协助"，小小年纪，就懂得"只护得自己周全"？除了毅，这个极为顽皮的孩子。

当然知道，毅那么积极，并不见得他有多么美好的愿望——"为大家服务"，他只是觉得好玩而已——他是那个除了写作业什么事都觉得好玩的孩子。

不准备直接批评那些孩子，那么，拔高毅的行为的高度吧。

我微笑起来，"老师今天特别想表扬毅。不是他闯的祸，他却积极主动去处理。他不是仅仅为自己去洗干净餐具，而是为所有同学去做这件事情。老师觉得他特别无私，他的眼里，能够看到全班同学，而不仅仅是他自己。"

毅涨红了脸。这个经常拖拉作业的孩子，这个经常欺负女生的孩子，这个天天状况、问题不断的孩子，他紧张得、惶恐得涨红了脸。这样拔高他高度的言语，对于别的孩子而言，或许是小小地刺激，对于毅而言，会不会成为他美好的记忆呢？拔高一个孩子下意识的行为的高度，是否一定妥当？

问问自己，在以后的日子里，慢慢答。

礼貌，也是需要具体教的

我在教室里陪孩子们吃午餐——在这个班级每星期一次。孩子们依次去取饭盒，然后排队，等我依次给他们分热滚滚的汤。孩子们全部开始就餐后，我才开始就着讲台用餐。

陆陆续续有孩子比我先吃完饭，我慢条斯理地继续我的午餐。琳（化名）走过来，问："老师，你觉不觉得我们班级的同学现在都变得很有礼貌了啊？"

我微笑，指指自己的嘴，摇摇手。意思是我嘴里含有食物，不便回答。等我把饭菜咽下去，才开口："是啊，大家都很有礼貌啊。你为什么这么说呢？"

琳答："因为自从您跟我们说过要对给我们盛汤的老师说'谢谢'后，我们都开始说'谢谢'了。"

想起这学期第一次给这个班级的孩子盛汤，居然没有一个孩子对我说"谢谢"。这让我非常震惊，但我没有生气，而是认真教导他们，且极为委婉。我这样说："老师去年给六年级大哥哥大姐姐们盛汤时，要说上50遍'不用谢'，你们知道为什么吗？"

孩子们个个聪明，当然懂得，且从此开始践行——从大多数孩子这么说到每一个孩子这么说。我对每一个道谢的孩子也一定认真地回答："不用谢。"

这不是形式，而是最基本的礼仪。

我逗着琳："你们只对我这个老师说'谢谢'吗？"

琳笑起来："不是啊，我们对每一个给我们盛汤的老师说'谢谢'啊！"她继续说："老师，真的好奇怪啊，原来我们全班同学不对任何一个给我们盛汤的老师说'谢谢'，现在我们每个同学每天都会对盛汤的老师说'谢谢'。"说完，琳兀自笑着。

我轻轻地问她："这是为什么呢？"

琳想了想，说："以前没有老师教过啊！"

教师们常常要求孩子们"要有礼貌"，教师们也常常抱怨如今的孩子们"越来越没有礼貌"。真的是孩子们的问题吗？真的是他们越发没有礼貌了吗？

礼貌，也是需要具体教的。怎样的行为是失礼的？怎样的举止是欠妥的？怎样的细节是优雅的？……孩子们需要被具体告知，而不是在他们犯错之后被批评。

想起家里温馨的一幕：

昨天晚饭后，女儿拿着笔在美国年度教师罗恩·克拉克的55条班规上细细涂鸦——这两张打印的16K纸，贴在她那张固定的就餐椅子边上已经有两年了。我有意让她两年里对这些规则抬头不见低头见，有空的时候一起探讨也是一件好玩的事情。

但是她这样涂画，我是第一次见到。我好奇地探头看，只见她在"36.进门时，如果后面还有人，请帮他扶住门"上重重地画了粗线。她抬头，对着我粲然一笑："妈妈，我在对照自己已经做到哪些了。我觉得这一点我做得非常好。凡是我做到的我都画出来——"

我很欣慰，为自己的孩子懂得并能做到"为他人把门"，但是如果没有我在具体的情境下教过孩子"在什么情况下，怎样为他人把门"，光靠纸上的规则，十岁的孩子未必可以做到很好。

礼貌真的是需要教的。

苏明进老师在《希望教室》一书里这样说："礼貌要练习，就会成为习惯。"如果我有些矫情——坚持要孩子向我道谢，那么苏明进老师或许更偏执——亲自教导孩子们如何向老师问好，且要一个个练习、过关！

看看他的要求：

"眼神要充满朝气、头不可低下、步伐要坚定，并且对着老师微笑。同时，在距离老师三到四米远时，就要弯腰敬礼，行个九十度的鞠躬大礼，大声地向老师问好：'老师好！'"

"凡是走路嬉皮笑脸，问好太小声、眼睛看地上、眼神闪烁、没有注视着老师、间隔距离太近太远、行礼姿势未完整、敬完礼偷偷摸摸地逃走、表情紧张、不够大方种种怪异的行径，都会被我退回去，然后回到队伍里头去，再重新来一遍。几乎有三分之二的孩子，被我叫回去重走一遍。"

是的，礼貌应该是要经过反复练习，才会变成一种习惯。

感悟

美国年度教师艾斯奎斯说："我不在乎每周末的考试。我更操心什么是我能给予一个孩子，十年后他能在生活中用得着的。"我很喜欢他这句话。十年后孩子们在生活中最用得着的，不会是英文单词，不会是数学公式，而是好的习惯与品行。

但愿我也能真正给予孩子们十年后在生活中用得着的——无论良好的习惯还是美好的品行。

推迟你的满足感

当我批阅到五年级磊同学的作业时，一声叹气。课堂作业本上抄写 4 个单词，每个 4 遍，他每行只起了个头，也就是一遍，就交上来了。回家作业本上，抄写 4 个单词（4 遍）并默写，他只有抄写没有默写，且没有课题与分数格。

这样的现象，在我一次次的愿意谅解中，磊有着变本加厉的倾向。

下课铃声响起，我准时下课，也郑重邀请："磊，因为你作业质量很有问题，放学后请到我办公室等我，我要跟你好好谈话。"

"谈话"这个词是我使用频率极高的词。只说是"谈话"，而不是"要狠狠批评"，孩子的压力会小一点——也可以让教师自己更心平气和，但是，这么郑重地当众邀约，大概被邀请的家伙心头不会轻松。当然也是对全班孩子的旁敲侧击：不认真写作业，老师将会邀请你谈话。

离开教室的时候我补充了一句："你在等我的时候，请你坐在我的座位上写家庭作业，不要浪费时间。"

放学后我忙着处理四年级那边的作业。不同楼层的 3 个教室，让我分身乏术。处理好那边的作业批改，回到办公室，磊正安静地坐在我座位上写家庭作业。办公室门口，徘徊着满脸忧愁的磊的妈妈——因为孩子被留堂？怕自己因为孩子一起被老师训？

请磊的妈妈进办公室，旁听我跟磊的谈话。不想刻意告状，但是想让孩子妈妈意识到孩子的问题。

我没有跟磊啰嗦什么，错在哪里他当然懂得。他当然是为了先去玩，先去看他心爱的漫画书才没完成作业就塞上来应付了事。如果要他开口，他一定会态度很好地保证："老师，我错了，我以后一定要认真写作业。"我不需要毫无质量的保证。

我认真地跟磊说："老师看过一本书，里面有一个词，印象特别深。今天写下来送给你。"找出一张白纸，认真地写下："推迟满足感。"

磊有些不明白。他还只是一个五年级的孩子。

我这样解释："心理学家发现，很多事业有成的人，他们都遵循'推迟满足感'这个原则，也就是说先做必须做的事情，再做自己喜欢做的事情。那些不懂得'推迟满足感'的人，总是先做自己喜欢做的事情，再做必须要做的事情，他的事业与生活都是一团糟。"

磊还是有些迷茫。

"再具体一点——就跟你说老师的情况吧。老师最喜欢的事情就是阅读，但是我在上班时间必须要上课与批作业。如果我先做喜欢做的事情——阅读，那么我的工作情况会一团糟：课没有备好，作业本永远没有办法批完。我回家以后，必须先做家务，等一切收拾好了，我才开始做自己喜欢做的事情——阅读。如果我不懂得推迟满足感，那么我的家里将是乱糟糟的，我将在一堆脏衣服和凌乱的锅碗瓢盆中阅读。所以我选择遵循'推迟满足感'，先做必须要做的事情，再做自己喜欢做的事情。"

"老师知道你最喜欢的事情是阅读漫画书。阅读漫画书本身不是一件坏事错事，坏就坏在你总是不懂得推迟你想满足自己阅读漫画书的欲望，在写作业与阅读漫画书之间你总是选择阅读漫画书。这样的话，你的作业质量就很有问题了。"

从磊的表情上看出他有些慢慢懂得了。

这时的我，自己却有些好笑起来了。"推迟满足感"是极为专业的心理学名词，一开始就跟磊这么说，他当然不理解。我笑笑，补充道："其实我们可以把这五个字用很通俗的句子表达出来。"拿起那张纸，在"推迟满足感"下面，端端正正写上"先吃苦，后享受"六个字。问："这下你懂得了吧？"

磊很轻松地回答："是的老师，我知道了。要先做必须要做的事情，再做自己喜欢做的事情。"

微笑，好的，懂得就好了，即使只是这一刻。

我开玩笑地说："回家后把老师这张纸贴自己的书桌上哦！时时刻刻提醒自己要推迟满足感，要先吃苦后享受。"磊的妈妈笑着保证敦促孩子回家将这张纸条贴起来。

感悟

从心理学角度来说，大多数人拥有足够的自制力，懂得推迟满足感，能避免贪图一时安逸的恶果，但是却有相当多的人不懂得推迟满足感，最终成为失败者。原因何在？医学界尚无定论。所以很多不懂得自律的孩子及成人，其实是不懂得推迟满足感的"病人"。医学界尚无定论的病因，学校教育究竟能"医治"多少这样的儿童？不存如此奢望。

悲哀的是，心理学家说：为何有人不懂得推迟满足感？大部分迹象表明，在这方面，家庭教育起着相当大的作用。

向学生道歉

今天英语课的下半节课上我准备讲评一份英语报纸上的练习，是前几天的家庭作业后做的。当时课代表向我汇报是收齐了的，我也就没有仔细去整理。

我开始讲评的时候，发现禹的手里没有英语报。问他，他说他记得自己是交了的。可是已经好几天了，我有些怀疑他未必记得准确。事实上另外一个女孩子也信誓旦旦说交了的，可在我的提醒下马上在自己书包里找到了。禹还是英语组长，会不会当时收的时候忘了将自己的交上来？

我建议他慢慢找，然后开始了讲评。

看他那般着急，我也理解。因为我有一个规定：如果家庭作业没有做、没有带，都不罚，却一定要补一遍。平时作业本上的练习比较少，补起来比较容易。如果是我印的练习卷，也方便，我那边总有多余的练习卷，补一遍也很快。唯有英语报纸是按份数订阅的，没有多余的。要补，就得把题目抄下来。这项工程未免大了些。

禹急了。

我也怜惜禹的着急。我继续讲评，建议他到我办公桌上去找有无空白的英语报纸。禹一脸失望地回到教室，他开始自行找了本子，凑到同桌那里，一边听讲评，一边开始抄题目。

我告诉他凡是不涉及答题的题目都不必抄，但他的眼睛还是红红的。

下课了，报纸没来得及讲评完。我这样跟禹说："既然没来得及讲评报纸，你就先不要补剩下的作业了。回家去找找看，或许在家里呢。我们明天继续讲，你把它带出来。"顿了顿，"如果回家去还找不到，那么你明天得把作业补一遍了。"

禹轻轻点头。作为组长的他，将本组的报纸收齐交给我时，却发现自己的报纸也在其中，且已经被人订正过的痕迹了。也就是说，半节课上，他们组有个孩子拿了他的作业在订正，害得他如此着急。

他委屈得眼泪哗哗直流！

稍一调查，就发现是嘉这个冒失鬼做的事！英语报纸上基本没有中文字迹，一时之间没有从字母上辨出是否是自己的字迹——而最要命的是，这份报纸上禹没有写上自己的名字。嘉应该是无心之故吧？我没有批评嘉，只是这样跟他说："你的粗心，害得禹这么着急，你应该去向他道歉。"当然也告诉他，"你很幸运，今天作业没讲完。建议你回家找找看，没有的话，明天你得补一份。"

看着嘉走过去向禹絮絮叨叨说着些什么。禹低头写作业，也不知道他什么态度。过了会，嘉也径自走了，去找同学玩了。我有些不放心，仍在教室逗留。悄悄招嘉来问："禹原谅你了吗？"嘉一脸茫然："不知道啊！他什么也没有说。"

什么也没有说就走了？真是个粗心的男孩子！

禹，是生气？生谁的气？只有嘉吗？会不会也生我的气？

禹，委屈了？因为谁而受这样的委屈？

有一点点犹豫，我直接走过去，在他座位前蹲下来，刚巧可以平视他双眼。

"禹，我看见你在写数学作业。是家庭作业吗？你现在有没有空跟我说几句话？"

他点点头："有空的。"

我们相偕来到教室外面的走廊里。

"请你相信，嘉是无意的。他是个粗心的孩子，没有仔细看报纸上有无姓名。请你原谅他，好吗？"细细端详禹的双眼，他是个聪慧的男孩子。

他的眼神天清地明的："我知道。我原谅他了。"真好！

"可是，老师看见你还在难过。是生气吗？还是觉得很委屈？"

他顿了顿："委屈。"

庆幸自己找他谈话了。孩子还觉得委屈呢。他是受委屈了啊！他作业交了的，老师却不信任他，还冠冕堂皇地以"没有交作业"的名义要求他补作业。这半节课里，他心急如焚，在书包里、课桌肚里、老师办公桌上到处找作业，还开始了补写。结果，事实证明：他作业是交了的！

我满脸羞愧。

我非常认真地看着禹说："对不起，禹。老师也要向你道歉。今天做得最不好的就是我。如果我足够细致，我应该在你发现报纸不见的情况下，马上问一句：请同学们看一看自己手里的报纸，是不是自己的？如果我这样问了，你的报纸就能马上找到了。我却这样粗心，害得你着急了半节课、难过了半节课。真的很对不起，是老师粗心了。请你原谅我这一次，以后老师会努力把工作做得更细致一点的。"

孩子心平气和地看着我："老师，没关系的。"

我有些困难地请求他："你不要再不高兴了，好不好？"

他粲然一笑，抛下一句"老师再见"，就一溜烟走了。

看着他离去的背影，我心生羞愧。声声质疑自己：

你很细致——注意到了孩子的难过？

你姿态很高——没有气急败坏地迁怒于冒失的嘉？

你很有风度——主动向学生道歉了？

你处理得很艺术——及时释放孩子的委屈？

真是这样吗？

真是可以这样洋洋自得吗？

想起那天读到的一个老师的《这种"意外"需避免》，心生羞愧。当时还在这篇博文下面留言："有时候也是那个放火的人。惭愧，每天面对150个孩子，总是会有失误与疏忽的。再读，提点自己多留神，最好不要'放火'。"

今天，我何尝不是那个"放火的人"？今天我够智慧地"扑火"了，可是"失火"的原因在哪？"失火"的责任在谁？

为什么那时收作业的时候，我只是听信课代表一句"收齐"了就不仔细再检查一遍？如果及时检查，孩子们的疏漏有大把的时间弥补，或者回家去找找，如果实在弄丢了就将我手里那一份复印好让他们补做。今天，禹半节课没有能够安心听课，那个粗心的嘉明天未必能找出来。

或许可以为自己开脱，我教三个班的英语，每天的备课、上课、课件制作、作业批改占据了我在校全部的时间。当课代表将我不准备及时讲评的报纸收来后，当课代表汇报已经收齐了的时候，我不再检查一遍也情有可原。

真的情有可原吗？

其实是不细致、不负责啊！

不及时确认是否收齐作业，不及时提醒学生补交、补做作业，却在讲作业的时候，将"没交作业必须要补做的惯例"理直气壮投向学生。一个成年人，一个教师，尚有疏忽的时候，哪能要求一个孩子从不疏忽、从不粗心？我的理直气壮的"惯例"里，是否有太多的师道尊严？是否有太多的不近情理？是否有太多的对学生的漠视与不关心？

叩问自己。不能答，但还是要这样叩问自己作为教师的心灵，尽管被这样的叩问刺得有些张皇失措、有些痛。

寻找打开心智的门匙

放学后，我正在五年级那边批作业。四年级的慧、胜、明、犇四个孩子循例来到我身边，开始了每天的功课——读书给我听。我微笑着聆听，在开始朗读之前，或者之后，一定跟他们轻轻闲话几句，想让他们懂得：老师约他们每天来读课文，真的只是一种帮助，而不是一种惩罚。

他们四个孩子，个个都不是让我省心的孩子。"一个问题孩子的背后，往往是一个问题家庭。"我很认同这句话。他们的家庭作业基本不做，每天布置的口头作业从来不完成。天长日久，他们几乎不会正确地朗读单词与课文，导致在平时的单元测试中多次不合格（期末考试一般都能合格）。这些现象的背后，其实就是一个家庭教育严重有问题的信号。在这种信息浮现的时候，很多时候，宁愿想想，作为教师的自己，还可以做些什么，怎样做才可以收到更好的效果，而不是去埋怨、指责家长的监护不当。

曾经很累。每天的家庭作业，这几个孩子基本不做。总是在课间找时间耐心地陪他们补作业，一样一样地补，一天一天地补。纵然我不生气——知道生气也无济于事，可是这样天天补作业，究竟不是一件愉快的事情。"补"，总是在事后的吧？那么事前呢？我可以在事前做些什么呢？

命令他们每天来背单词背课文？于他们而言，真的怕是一种负担，他们会望而生畏的。想想，想想，怎样可以让这几个孩子每天去读一读英语，但又不至于让他们感觉太紧张？

也只是尝试——这个学期开始，约他们几个孩子来找我读书。要求很简单：每天放学后找到沈老师，把学过的内容读一遍，每天都从第一课开始读一遍。你们四个孩子可以单独来，也可以结伴来。

一开始当然有些不如意。他们不是说忘了，就是说找不到我，总之，很不成气候的样子，今天这个不来，明天那个不来。我也不急，只要他们来读英语，就笑眯眯接待。第二天见到没来读英语的家伙，会提醒："别忘了放学后来读英语哦！"但是却不训斥。放学后找老师读英语，其实是孩子们的分外事了。

但是规矩却早早立定："凡是老师发现你们读错的单词，或者你们不会读老师教的单词，我读一遍，你们可得读五遍。"不会读的单词要一口气读五遍，读着读着，孩子们会无端觉得好笑，乐不可支。我不觉得好笑，但是随他们去笑。不管他们问任何单词，一定温和地告诉他们怎么读。"上课我都讲过了，你们没听见吗？"这样的话我是坚决不说的。说出来只是逞一时口舌之快，真的何必？

教材一单元一单元地继续着，课程表一周一周地重复着，渐渐地，这几个孩子雷打不动每天放学后来找我读英语了。毕竟只是读一遍，大概也没让他们觉得痛苦。每次来读英语的时候，他们的神态也越来越放松。除了慧，其他三个孩子每天的家庭作业能够保质保量地交了。慧的家庭作业本上，也不再是空白了，好歹做一点半点的。最可爱的是，他们最喜欢在教室里行使"特权"。课间，只要我在他们教室，他们就挨到我身边，拿了本英语书，"老师，我读英语给你听吧？"眉宇间颇有几分在同学们面前炫耀的味道。

昨天单元测试的卷子今日批改完成，他们班考得远不如隔壁班（也是我执教的），但是明居然达到了"优秀"，而胜和犇都达到了"良好"。他们神采飞扬，兴奋地告诉我：这是他们取得的最好的英语成绩。看到他们在课堂上越来越积极地参与教学活动，看着他们每天积极主动地找我读英语，真的欣慰。成绩不是我最看重的，但是看到孩子的成绩不是在高压、惩罚、机械抄写中得到提高，看到他们在我面前神态日益舒朗，也高兴。

只是慧，她的学习成绩、学习态度的进步是极其有限的，甚至可以说几乎依然停滞不前。或许，"每天找老师读英语"这样的方式，依然没有打开慧学习英语的心智。但是，胜、明、犇他们的进益，让我日渐坚定：不急，慢慢来，总有一天，我能找到打开更多孩子学习心智的门匙。

知道自己做不到，更是一种能力

下午的时候，数学老师临时请我去看班。

我的惯例，不会占用这节课来上英语课，但手边要批改的作业好几套，也实在没有时间带孩子们去操场或者图书馆。于是，我这样提要求：

英语作业全部完成，并且能够做到在图书馆安静得像沈老师在场一样的同学，请自行去图书馆；

英语作业已经完成，但是老师不在场做不到安静的同学，请到教室外面的走廊里去聊天，声音别大到被隔壁班级的教师驱赶进教室即可；

英语作业没有完成的，请在教室安静地完成作业，然后自己决定去图书馆或者走廊。

效果很好。

课后从图书馆返回的同学表示大家都很安静，真的跟沈老师在场一样。在走廊里席地而坐、欢快聊天的同学们也没有喧闹到被隔壁班的老师轰进教室。至于在教室里订正作业的同学，因为教室里走掉了三分之二的同学，他们各自占有的平均空间陡然大了几倍，身心一下子舒朗起来，写作业的状态也好了很多，能够快速地完成订正。（大班化的弊端啊！）

我找来 D 同学，对着他说：采访你一下，我知道你很喜欢看书，也很喜欢去图书馆，为什么这节课你选择了不去图书馆，而是在走廊里看书、聊天？

他羞赧地笑：我怕自己管不住自己。

我帮他总结：你的意思是——你知道自己做不到，所以选择不去，免得自己又在没人监管的状态下违反规则？

他笑：是的，我知道自己做不到的。

我表扬他：很棒！知道自己做不到的事，宁愿不去做——这是清晰的自我认知。真高兴看到了你的进步！

D同学这学期被我几次三番发现他在教师监管不到的地方违规。

比如一个学期的课间操时间，以"社团活动"的名义躲角落里玩。

比如以"去图书馆借书"的名义逃避午餐后的排队回教室，而是去图书馆溜达一圈——在明知道那个时间图书馆没有老师在的情况下……

他这样的故事一再发生，"规则是否要遵守"不是发自他的内心认同，而是只在乎老师知道不知道。只要在老师监管不到的空间，他会用自己的小聪明去违反规则，并沾沾自喜。也许，一些精致的利己主义者就是这样慢慢长成的。

虽然不是他的班主任，但我仍然警惕并惧怕这样的事情发生。在几次教育之后，他今天这句话，对我而言，真是一种佳音——我看到这样一个聪明的、惯于钻空子的孩子，对自己有了更清晰的认知，并不再试图去挑战规则，而是选择一种更适合自己的活动方式——既不破坏规则，又满足自己爱聊天的天性。

知道自己应该做什么，然后去做，是一种能力。

知道自己做不到什么，不去做，更是一种需要清晰明确掌握的能力。

知道自己不应该做什么，并且坚决不去做，则是更高级别的境界，需要慢慢修炼。

无论孩子，还是成年人。

夺人所爱

下课铃声响了，5 班的孩子们都围到讲台上来，对着我各种絮絮叨叨：

"我要把我的小练习卷炫耀给别人看！"

"老师，我最喜欢英语课了。"

"老师，你什么时候再来上英语课啊？"

"老师，我真的不能相信，我也能够达到'优秀'。"

……

我开心地一一回应。

孩子们很高兴——这次小练习，他们班级只有 3 个孩子没有达到"优秀"，没达到"优秀"的都是只差 1 分和 2 分。

我也很高兴——我每天持之以恒地给那些学困生的爸爸妈妈们的各种打气、鼓劲，看来有些效果了。

我每天跟家长的对话是这样的：

"做完小练习，孩子很自信地跑过来找我，说自己肯定能够达到'优秀'。果然是'优秀'哦！所以，爸爸妈妈每天的督促是非常神奇的哦！"

"加油！孩子第一次达到了'良好'！今天他的小脸上洋溢着自信！这种自信的底气来自家里爸爸妈妈持续不断的督促。"

"不用谢我！爸爸妈妈要感谢自己的持续监督！孩子需要您这样的关心。加油哦！"

"祝贺！孩子第二次达到'优秀'啦！爸爸妈妈一发力，孩子就连续取得'优秀'。所以，爸爸妈妈要坚持督促孩子哦！"

……

个子最小的黄同学，每次练习都是"优秀"，所以他是不屑于对着我这样表白的。他默不作声从人缝里挤到我身边——我已经一边回应着孩子们的各种话题，一边撤离到走廊里了。他拉起我的手，往我手里塞了个小东西，干脆利落地说："给你！"

有时候挺享受这种感觉——没有称呼，只有"你""你""你"，好像在他们眼里，我是他们的伙伴一样。

仔细一看，是一个跟我大拇指指甲差不多大的纸青蛙。这么小，也不知道他怎么折出来的！

这是他的一件艺术作品吗？是送给我欣赏的吗？

我脑子飞快一转，立刻原地蹲下来——也不管我长长的大衣直接拖在地上，把小青蛙放在地上，用手按住青蛙的臀部。果然！与我预计的相同。这是一只可以跳的青蛙。弹跳能力还很不错。

孩子们乐疯了，纷纷围着我蹲下来。青蛙跳到哪里，他们就去接，然后原地对着我发射回来。如此几个来回，我和孩子们乐此不疲。

黄同学却并不参与。他看了一会，突然蹲下身，把我们正玩得欢乐的纸青蛙抓走了！我吃了一惊，看着他。还没来得及问"为什么"，他已经从裤子口袋里掏出另外一只纸青蛙，淡淡地说："你试试这个。"

我疑惑地拍起这只纸青蛙。"哇！"围观的孩子们和我一起欢呼！太厉害了！这只纸青蛙的弹跳能力明显厉害太多了。

黄同学傲娇地看着我："给你换这个。"

我不敢置信地问："你把跳得最高的送给我？"

"嗯。"他酷酷地回答我，顶着一头西瓜皮似的长发，排队上课去了。

手握小男生的心爱之物，实在有"夺人所爱"之嫌疑，却不想物归原主。

感悟

教育是什么？教育是一个成年人，有机会参与一个又一个孩子的成长。上好课，尽量帮助孩子们用比较轻松的、愉悦的状态取得比较好的成绩，这只是教师的本职工作。然而，孩子们却会一次次以这样的赤子之心对你——把他喜欢的、甚至最心爱的物品送给你。这种职场体验，恐怕离开了校园，是难以有机会感受的。

初冬暖暖的太阳，照在走廊里。这一刹那，甚觉岁月静好，一切值得。

看见你的不容易

去听课，教室最后一排有个孩子身边的桌椅都空着，我就去坐他身边了。姑且称他为 A 娃吧。

第一个回合：站在椅子上尖叫。

老师带孩子们复习句型：

T：Do you like…?

S：Yes，I like….

T：Have some…，please.

教师同时给回答的孩子派发打印的小纸片。孩子们很配合地回答：Thank you. / Thanks.

A 娃看到别人收到小纸片，开始不停尖叫："老师！老师！我也要卡片！"老师提醒他："不要叫。要举手，等待老师请你回答。"这样的提醒无效。他对句型练习也没有兴趣。看到老师不满足他的愿望，他干脆站到椅子上，顶天立地，雄赳赳气昂昂地继续尖叫。

我不干涉，不表达任何规劝、阻止或者愤怒。我跟他之间没有基本的链接。所有的教育必须建立在一定的基础上，否则一定不会产生功效。教育又不是法律，教师也不是警察。

第二个回合："老师都是傻×。"

老师艰难地一边处理他的情绪，一边给另外 42 个学生上课。孩子们也比较接受 A 娃的特殊，并不过分地关注他——当然，个别注意力不集中的娃例外。最后，A 娃还是拿到了小纸片，因为老师想息事宁人。他得意扬扬地给我看小纸片，告诉我："老师们都怕我爸爸的，谁也不敢惹我爸。"

我仍然安静倾听。

他追加了一句："老师都是傻×。"

我仍然不传递任何反感、反对的情绪，继续安静地观察他。

他基本没闲着。不是双手有规律地用力拍打桌子，就是有规律地用力跺脚，节奏感十分强烈。

老师开始出言阻止他。他站起来，把椅子举到头顶。椅子是很重的那种，天知道这个二年级小男生哪里来的力气。老师的处理也很好，语气温和，不质问，保持平静，不激发他的对抗情绪。

我不能判断他下一步想干什么，也不敢轻举妄动，只是保持全身警觉。如果他要把椅子砸向任何人，我一定会出手拦截。还好，他最后轻轻放下了椅子，自己坐下。

第三个回合："我最喜欢气死老师。"

坐下后，A 娃说："我最喜欢气死老师！"

我表示听懂了，轻轻问："你还想气死谁？"

"语文老师。"

"还有吗？"

"数学老师。"

我认真地看着他，说："你太不容易了。你这么不喜欢上课，但还是能够来学校，还是能一整天都坐在教室里。"

他终于认真看我一眼，愣住了。

第四个回合："我们别说话了。"

我继续："你最不想气死谁？"

"小黑。"

"小黑是谁?"

他嫌弃地看我一眼:"这个你都不知道,是我家的狗啊!"

我赶紧赔小心:"我是真不知道。"

他看我一眼,突然说:"我们别说话了。"

我立刻表示配合,不说话。

老师请孩子们打开课本跟读。他又开始叫:"老师!老师!我没有英语书。"虽然他命令我不要说话,但既然他自己违规了,我也斗胆插嘴:"没有书也没关系的。你听好老师读的句子,老师读一句,你跟着读一句就好了。"

他扫了我一眼,没说话。手里不停玩弄两本英语本子。封面上没有统一的姓名贴,应该是在家里自己练习的本子。我看了看里面的字迹,清晰端正。可想而知父母付出了多么巨大的心力!他的父母有多不容易!

感悟

这样特殊的孩子,在教室里,教师深觉不易;但他的父母在家日日面对,更加不易;而这样的孩子本人,其实是最不容易的。他交不到朋友,他体验不到大家普遍的快乐,他的快乐——比如"最喜欢气死老师",又是不被大家认同的。很多时候,因为不能正确表达自己的意愿,不能正常地处理自己的情绪,他就如一头受困的小兽,一再伤到近距离接触他的人们,彼此痛苦难受。

如何帮助这样的孩子走出困境,与大多数同学合拍、同步,是太艰难的课题。

但是,再难,也没有办法逃避——只要他出现在我们的课堂上。也许教师所做的非常有限,仍然要勇敢,要冒险,去一一尝试。

每逢遇见这样的孩子,我常常会想起一个人——桃莉·海顿,美国著名的特殊儿童教育专家。经由她的陪伴,很多特殊儿童获得突破性的成长,回归普通班级，融入普通同学。我读过国内引进的她的所有的书，给我很大的影响。对于特殊儿童，第一要义不是去教育，不是去改变，而是去陪伴！在陪伴中建立师生之间的连接，在陪伴中缔结有质量的师生关系，然后再开始缓慢的、小幅度的推动与微调，孩子经由这些力量的推动，才有可能自我生长出正向发展的动力与能量。

我在拙著《英语可以这样教》和《让学生看见你的爱》的自我介绍中，或者外出讲座的自我介绍中，一直定义自己是"儿童成长的陪伴者"。这不是官方称号，不是民间美誉，只是我的教育理解——所谓教师，就是那个"儿童成长的陪伴者"。

桃莉老师的班上，只有五六个孩子，没有上级制定的统一的教学要求，只有桃莉老师对不同孩子的不同期待。而且教室里始终有一个助教，随时协助。桃莉老师的学生，比今日的 A 娃要千奇百怪无数倍。我们的教师一边要保证整班学生的正常教学进度，一边要应对一个一个的 A 娃，压力其实远甚于桃莉老师。

教育真的很难，做教师也真的更难，无论是桃莉老师，还是普通的我们。但只要仍然站立在孩子们面前，就必须要慧眼如炬——去看见孩子和家长的不容易，就必须要勇敢坚定——去承担教师的职责。

不再是"活了一百万次"的那一个了

二年级娃们的耳朵很多时候只是个装饰品。他们常常听不见教师的话。但是,听教师授课、听各项指令,实在不能不让他们的耳朵发挥功效啊!

最明显的是那些小男生,心智发育本来就比女生慢一拍,再加上耳朵功能时常失效,带来的后续问题就更明显了。那个 M 同学,就是"耳朵失效"群体的代表了。他常常一脸蒙,特别无辜地看着我,神色常常在表达:"你刚才说什么了?""我现在需要干什么?""书要翻到第几页?""已经要开始写作业了吗?""听力已经开始做了?前面的我没听到啊?"……

一味地斥责他或者他们"不乖""不守规则",只是教师发泄情绪,不能解决任何问题。面对各种各样的问题,我仍然愿意去自省——我需要做什么?我怎样做才能帮到学生?

孩子们都喜欢听故事。有本书就叫作《故事知道怎么办》,推荐大家去读。就是这个书名,也给了方法——去找寻合适的故事,让故事告诉孩子们应该怎么办。

我找来了一个故事,在我的英语课堂上讲给孩子们听。这个故事也许不是真实的,网上有很多版本。

在德国,流传着这样一个故事:

火车站,一个扳道工正走向自己的岗位,去为一列徐徐而来的火车扳动道岔。在铁轨的另一头，还有一列火车从相反的方向驶进车站。假如他不及时扳道岔，两列火车必定相撞。

可就在这时，他无意中回过头一看，发现自己的儿子正在铁轨那一端玩耍，而那列开始进站的火车就行驶在这条铁轨上。

是抢救儿子，还是扳道岔避免一场灾难——他可以选择的时间太少了。那一刻，他威严地朝儿子喊了声"卧倒！"同时，冲过去扳动了道岔。

一眨眼的工夫，这列火车进入了预定的轨道。

那一边，火车也呼啸而过。

车上的旅客丝毫不知道，他们的生命曾经千钧一发，他们也丝毫不知道，一个小生命卧倒在铁轨边上——火车在轰鸣着驶过，孩子丝毫未伤。

我讲得有声有色。讲完，带孩子们讨论：听取爱护我们的大人——父母和老师的指令，有多么重要？

孩子们的回答也热闹非凡。

但是别指望故事听过一遍就能产生神奇的作用。故事只是个引子，需要有心人去落实。

我布置孩子们回家讲给爸爸妈妈听，并录下来，发在我专门建立的讨论组里：

各位爸爸妈妈好！

今天我跟孩子们讲了一个小故事，有关"专注地听很重要"。建议爸爸妈妈让孩子复述这个故事，并让孩子说说自己的理解。可以发在讨论组。

爸爸妈妈可以听听其他孩子记得多少、领悟多少道理。不要让孩子听其他孩子讲了什么。爸爸妈妈也不要比较自己的孩子讲得好还是不好。重要的是，让孩子回忆一下、加深印象。

爸爸妈妈听过孩子的复述以后，可以找一些例子，跟孩子一起讨论"专注地听讲"的意义及重要性。

我从孩子们的录音里面听到复述的故事当然又是千奇百怪。因此，我先来一句："一个沈老师讲一个故事，有四十多个版本。"然后，把故事的文字版发给家长。很多有心的家长会给孩子重新讲一遍，然后再让孩子复述故事，并再次讲述自己领悟的道理，发在讨论组里。

第二天开始，只要哪一个孩子的耳朵又失灵，我就开始表达担心："哎呀！某某小朋友要被火车撞倒啦！"孩子们就会心地笑。

其中那个 M 同学，一开始，每天课上要被我担心好几次。每次我担心他"被撞倒"，他就在那里对着我尴尬地笑。

我也对着他笑。

再后来，突然想起有本绘本的名字叫作《活了一百万次的猫》。我就对着 M 同学念念有词："M，我跟你说啊，有本绘本叫作《活了一百万次的猫》。我看你老是要被火车'撞倒'，你也快成活了一百万次的 M 同学啦！"

孩子们哄堂大笑！M 同学继续对着我尴尬地笑。

但是好灵验，孩子们的耳朵渐渐发挥功效了。"被火车撞倒"的小朋友在课堂上越来越少，连活了一百万次的 M 同学，都很久没有被我单独提醒了。有一次，我在走廊里批改作业（我喜欢课间去教室门口的走廊里批改作业，这样既便于找学生订正，更利于联系感情），M 同学跑过来，对着我说："沈老师，我告诉你一个秘密哦！"

我赶紧弯下腰，好奇地追问："是什么？是什么秘密？"

"秘密就是——我最喜欢的学科是英语课哦！"

"我太高兴了！谢谢你告诉我这个秘密哦！"他欢乐地跑走了。

　　其实我最高兴的是，他的耳朵功能看样子全部回来了。每次单元默写、单元练习的成绩也稳步上升，据他自己表达，他的目标全都不限于"优秀"，而是"全对"。

　　M同学，看样子你不再是"活了一百万次"的那一个了。

第二辑

像孩子一样天真地看世界

为离开学校后的人生准备

——因为一首歌开始的故事

一、"我们班来一个合唱？"

十二月下旬，英语课堂上学习的英文歌曲是席琳·迪翁的 "So this is a Christmas"，旋律优美，英文歌词也不难，且歌曲意境高远，充溢着对世界和平的企盼。

只是日常教学内容之一而已，我带着孩子们漫不经心地学唱这首歌曲。

临近元旦，有一天，跟教音乐的丁老师聊天。她说她按照学校工作安排，正在筹划一台迎新晚会。因为时间紧，任务重，她正在愁节目的事情。

我随口建议："要不，我们班来一个全班合唱英文歌曲？"

丁老师经过跟领导的讨论后，第二天通知我，我们班的英文歌曲合唱节目将会安排在演出的最后一个节目，而且还要唱一首校歌。合唱节目的所有成员将作为舞台背景，直到学校领导和演员们谢幕结束。

二、"呈现最好的自己"

英语歌曲孩子们已经很熟稔，校歌也没有问题。但我还是带领孩子们开始了排练。

我只有一个要求：呈现最好的自己。

我跟孩子们说："我们的合唱，加上最后的谢幕，我们会在舞台上停留很长时间。这段时间里，你的表情，你的动作，台下的观众们都看在眼里。"

我模仿了几个表情与动作：乱眨眼睛，低头，摇头晃脑，偷偷看别人……孩子们哈哈大笑。

我再表演几个表情与动作：微笑，安静站立。孩子们都在座位上微笑着看我。

我说："你站在舞台上，就是在呈现你自己。我希望大家都愿意呈现最好的自己，让大家看到你最美好的一面。"——我不说"领导在看着我们六（1）班"，也不说"代表着六（1）班的精神风貌"。我期望培养他们"做好自己"的意识。做好了自己，大家自然会看见——其实不看见也没有关系。

在教室里，我带着孩子们一遍遍练习"微笑，安静站立"。我会逐个肯定："×××同学很好，我看到了很棒的你。"

三、"人生应该是一个不断准备的过程"

因为学校报告厅座位有限，所以学校通知：参加演出的同学和各班代表可以到报告厅观看演出，其他同学留在教室看电视直播。

电视直播的效果当然不如现场的感觉了。孩子们很高兴有机会能够在报告厅看演出。

我趁机说："人生应该是一个不断准备的过程。如果不是我们班经常学习课外的优美的英文歌曲，我们也不会得到这个整班演出的机会，我们就更不可能得到整班进报告厅观看演出的机会。机会总是给予充分准备的人。你愿意为自己将来得到更多更好的机会而不断准备自己、充实自己、提高自己吗？"——还是用的一般疑问句，借此渗透我的主观引导。

孩子们很安静。

我并不要求他们回答。安静，就意味着有所触动，有所感悟。

四、"可以吗？"

在演出当天的上午，德育处主任通知我："沈老师，因为来观看演出的家长代表、各界客人及各班代表比较多，所以参加演出的孩子们将安置在图书馆，会有老师来通知候场时间。"

孩子们大大失望，图书馆里连电视直播都看不到。

因为孩子们失望，我当然也失望。

我想了想，事后去找德育主任："徐老师，我们班的孩子总数不多，他们观看演出的纪律一定会很好。我们能不能在演出开始前等在报告厅门外？如果到时报告厅里的确坐不下了，我带孩子们去图书馆。如果报告厅后面的加座（一张张小圆凳）上空着，我就带孩子们坐加座上。可以吗？"

主任考虑了下，同意了。

五、"主动积极去沟通"

演出前，我跟孩子们报告了此事。

我说："有时候，有些机会你必须要自己主动去争取。我知道同学们都很想去报告厅看现场演出，如果我不去找徐老师商量，那么只有一个结果，就是服从指令去图书馆。但是，如果我去找徐老师沟通，那么可能有两个结果，一是服从原来的指令去图书馆，二是有可能得到机会留在报告厅。我选择了第二种做法，找徐老师去申请了。当然，等会儿也许我们还是得不到机会，那么我也会心平气和，因为我已经尽力了，我绝对不会去抱怨徐老师。希望大家以后遇到这种情况，也可以尝试去主动沟通。如果沟通失败，也不要怨责对方。"

我继续："等会儿我们到了报告厅，有可能不能进去。请大家不要抱怨，安静地跟我去图书馆。有可能我们能够进去坐在加座上，请大家对徐老师充满感念之情，并保持全程安静观看演出，也要对每一个节目及时鼓掌致谢。"

副班主任是刚毕业的研究生，她全程参与了我对孩子们合唱节目排练过程中的很多教育。包括"呈现最好的自己"，包括"人生是不断准备的过程"，包括这会的"主动积极去沟通"。她悄悄地对我说："沈老师，我实在是太佩服你了。"我微笑，如果对她以后做班主任有参考，那就好。我高兴自己有这么微小的辐射力量。

六、"微笑着安静站立"

演出马上要开始了，我带着孩子们安静地在报告厅门口列队。

在演出正式开始前最后几分钟，我看到报告厅基本满座。但是后排的加座上全空着，至少有四五十张小圆凳，完全能够容纳我们班三十五个孩子。

我示意孩子们安静地进入报告厅，安静就座。孩子们全程的表现特别好，观看过程中非常安静，对每一个节目的演出都会及时鼓掌致谢。

当他们开始合唱的时候，我坐在观众席上。我看到了每一个孩子都很努力地呈现着最好的自己，两首歌曲的合唱过程，以及最后长时间的充当背景的演员谢幕过程中，我的孩子们都微笑着安静站立。

感悟

帮助孩子获取一生有益的知识

"生活即教育。"很多老师都知道这句话。但是能否自觉去践行，则是另外一回事。帮助孩子们取得更好的学习成绩，是教师的职责之一。帮助孩子们获得离开学校后也能派得上用场的知识，为孩子们离开学校后的人生做好准备，更是教师的重要职责。"不为取悦他人，只为呈现最好的自己""为自己未来的人生不断准备""积极主动与人沟通，尝试得到更多更好的机会"，都该是孩子们懂得并有机会不断践行的。

越过围堵

——因为倩开始的故事

一、恐怕不仅仅是"欺负"

孩子们读六年级了。班上女生倩（化名）欺负男生俊（化名）的事情一再发生。倩是一个比较泼辣、浮躁的女孩，而俊性子相当绵软，所以一开始我只以为是"暴力女孩欺负弱势男生"事件，每次我都只局限于就事论事的教育，要求倩"要团结友爱""不可欺负弱者"，也要倩保证不再欺负俊。

我是多么迟钝，一直没有去深究现象后面的本质。

直到有一天，一个孩子来反映：昨天俊放学时忘了带回家的儿童手机被倩和另外一名女生芳（化名）丢到垃圾桶里去了，已经找不回来了。这个情况真令我吃惊，芳平时一贯品性优良呢。

我把两个女孩子找来，一并找来另外一些同学调查。两个女孩并不否认做了这样的事情。边上的孩子你一言我一语，一些我所不知道的细节慢慢被透露：

倩和芳总是说俊喜欢另一个女生欣（化名），俊不承认，倩和芳就总是说他、骂他，倩甚至还会动手。俊不会还手，但是等倩和芳的攻击告一段落后他就开始唠叨。他一唠叨，倩和芳就不乐意，就多次明里暗里损坏他的东西。倩曾经跟芳一起炮制了一封所谓的"情书",落款写好欣的名字,然后倩特地跑到俊家里去,把信交给俊。第二天倩又到学校大肆宣扬"欣给俊写情书"。如此兴风作浪的事情,发生在小学六年级孩子身上,真是令人侧目。

倩是个长得比较高挑、白净的女孩,成绩不算好,体育非常好,性子又急躁。用男孩子们的话说"没有一个男生她不敢打",理由是"她跑得快,打完男生就逃走"。我静了静心,联想到这个孩子多次出现"为了穿新买的外套故意说校服坏了""演出完成了宁愿挨冻也不肯换下漂亮的演出服"等事件,我觉得她"欺负"俊这件事,不仅仅是"女生欺负男生"那么简单。

二、做了个采访

我随机问了身边的女孩颖(化名):"采访你一下,你喜欢俊吗?"颖犹豫了一下。我想了想,补充问:"你觉得俊平时对人和善吗?你喜欢吗?"颖这次没有迟疑,说:"俊平时对人很和善,我不会做的数学题目,他总是很乐意教我。我很喜欢他。"

我逐个问我身边的女孩,居然都说喜欢俊,理由基本都是:因为俊性格好,乐于助人,对女孩子从来不发脾气。

我不理倩,说:"真好,俊性格好,大家都很喜欢他,这是很正常很美好的。可是,喜欢一个同学,能不能经常去欺负他?能不能经常去骂他、打他、损坏他的东西、说他喜欢哪个女生?"女孩子们都坚决摇头:"不能"。

正聊着,芸(化名)从我们边上经过。我叫住她:"芸,采访你一下:你喜欢俊吗?"芸愣了下。或许是因为看到我和其他孩子都是满脸的真诚,她干脆利落地回答:"不喜欢。"我很诧异,问:"为什么?"芸答:"俊很小气。有一次我问他借东西他不肯,所以我不喜欢他了。"真所谓"青菜萝卜各人喜欢"。我笑笑："不喜欢俊也没关系啊，只要不欺负他就行。"

倩在边上不出声。我还是不直接跟她对话。因为已经放学了，我请参与调查的孩子们先回家，然后带着倩回到教室。教室里还有七八个孩子在等着三科老师补课，他们是学习较弱的孩子。

我灵机一动，逐一问过去："你最喜欢的异性同学是谁？为什么喜欢他/她？因为喜欢他/她，你会不会愿意多对他/她笑笑、找他/她玩？在找他/她玩的时候是不是要先完成自己的作业并要注意不打扰到他/她？"这些孩子，有的羞涩，有的紧张，可是，个个都坦然完成了我的采访。孩子们的配合采访，给我提了个醒：我不能仅局限于做个消防员，随时准备着去"灭火"；我更应该去"疏导"，而不仅仅去"围堵"。

三、主题演讲

第二天的晨会课上，我准备了裁好的彩色纸，发给每个孩子一张。女孩子们都是粉红色的，男孩子们都是浅黄色的。然后我开始演讲了：

"最近我们班上多次出现一些同学说哪个男生跟哪个女生要好这样的话，我觉得需要跟大家讨论一下。在我们的学习过程中，我们会不断遇到自己喜欢的同学。跟喜欢的同学说说笑笑，一起玩，一起学习，都很正常，很美好。随着你们年龄的增长，到了中学，可能会遇到你更喜欢的同学。到了高中、大学，你也会不断遇到自己喜欢的同学。有可能你喜欢的同学跟你从小学到大学一直保持联系，一直是好朋友。也有可能随着你自己的不断发展，你的性格、爱好也在改变，你会喜欢你的新同学。这不叫见异思迁。这就是一个不断认识自己的过程。这些喜欢的同学中一定有同性同学，也会有异性同学。所以，读书的时候有喜欢的异性同学，并喜欢跟他/她一起玩，一起说说笑笑，这很正常很美好，这不是谈恋爱。谈恋爱是你们长大后、非常认识自己之后的事情。

"沈老师从小学到大学，也都有喜欢的同性同学和异性同学，工作以后的同事中也有喜欢的同性伙伴和异性伙伴。因为是喜欢的同学、同事，所以也会经常一起交流，这一切都很自然美好。你们在双休日，跟喜欢的同学，不管是同性同学还是异性同学，约好了一起去书店、去公园，沈老师都觉得非常美好。但是希望你们定好了约会后要告诉我一声，而且经得各自父母同意，并向家长明确具体的时间与地点，以便家长接送并且放心。而且，为了安全起见，老师建议至少三个以上的同学外出。

"最近我听到多种传闻，说这个男生喜欢那个女生等。每一个同学都有喜欢异性同学的权利，他/她真有喜欢的异性同学，他/她并没有犯错误。但你没有权利去说事。还有的同学观察能力惊人，通过一些细节去推断谁喜欢谁，你心里知道就好了，你没有权利成天追着那个同学让他/她承认。这是很不尊重人的。我希望今后不要在我们班级里听到这种不友好的谈论。

"明年你们毕业后，有的同学会回老家读书，有的会直升本校七年级，但是肯定会分班。我希望你们到了新的班级里，如果遇到这样的现象，请大家回想起老师今天的话。如果班上出现了'谁喜欢谁'不友好的谈论现象，比如捕风捉影、胡编乱造等，请你有勇气去制止这个现象，并告诉他们：我们沈老师说过，喜欢一个异性同学是非常自然而美好的事情，这是每个同学的权利，请不要胡说八道。"

教室里非常安静。

四、一份特殊的"作业"

我当然不是想把此事止于我的演讲，我更想引起孩子们思考、讨论。

我开始组织讨论："可是，有些同学，他/她心里喜欢一个同学，却不会很好地表达。有时候，他/她可能是通过一些不友好的方式去特别关注一个异性同学。有可能会去骂他/她、欺负他/她。你怎么看这个现象？喜欢一个同学，你会愿意多对他/她笑笑吗？你愿意多找他/她玩吗？找他/她玩要注意什么？你能不能没完成作业就去找他/她玩？他/她在写作业或者看书的时候你能不能去打扰他/她?"——我故意用了很多一般疑问句来问,而不是比较开放的特殊疑问句。一般疑问句与特殊疑问句相比,更多了主观引导的力量。

果然,孩子们从我的问句中,得出很多结论:如果我喜欢一个异性同学,我要多对他/她微笑,我不会骂他/她,我也不会欺负他/她。我会多找他/她玩,我要写完了作业才找他/她玩。如果他/她也在写作业或者看书,我就不能打扰他/她……

听到这里,我忍不住又继续演讲:"对,每个人都有喜欢别人的权利,但是每个人也都有不接受别人喜欢的权利。你可以喜欢一个人,可以想找他/她玩;他/她也有权拒绝你,不跟你玩,不喜欢你。但是,请大家注意,拒绝别人的时候可以坚定,但一定要温和,不能伤害对方的自尊心。"我稍稍举了个例子说明"拒绝他人时伤害对方自尊心"的可怕后果。

最后,我开始倡议:"老师准备组织一次主题活动,讨论一下'我最喜欢的异性同学'。请大家都写在我发给你们的彩纸上。围绕5个方面写:你最喜欢的异性同学是谁?喜欢他/她的什么?你愿意多对你喜欢的那个人笑笑吗?你愿意多找他/她玩吗,要注意什么?你对老师组织这次活动有什么看法?"

孩子们哗然。

我继续:"请大家在纸上写好你的名字,并且注明'我愿意老师公开我的名字',或者'我不愿意老师公开我的名字'。我收齐以后会在班队课上读出每个同学写的'我最喜欢的异性同学'。如果作者要求保密,我不会读出他/她的名字,也请大家不要胡乱猜测。"

孩子们的表情丰富极了。

五、我最喜欢的异性同学

我给了孩子们一周的时间准备。这一周里,孩子们陆陆续续把自己写好的彩纸交给我。最可爱的是,一个女孩中途要求重写。我比较了一下她前后写的两个不同的男生。一个是全班公认的模范生，但他们平时基本没有什么交往，大概她觉得说喜欢他是很安全的。后来她换成了她的同桌。我觉得这可能是她的真实心意，因为她写道："他总是帮助我学习，所以我喜欢他。"

孩子们期待极了班队活动课。这一天，终于到了。我拿着35张彩色纸进教室，准备跟大家分享"我最喜欢的异性同学"。但在朗读之前，我补充了这么一句："有不少同学注明让我不要公布作者姓名，我会尊重他的。但是如果在我朗读完了之后，你愿意自己主动举手说'是我'，也可以。"

我先拿出一沓黄色纸，开始读男孩子们的心声。随手抽到的第一张就是要求匿名的。我读完以后，问："作者要求老师匿名，我就不说作者姓名了。不知道作者愿意不愿意自己承认？如果愿意承认，我会觉得他很了不起，很帅。"

男孩强（化名）大义凛然响亮回答："是我！"

我大声喝彩："很Man！鼓掌。"

全班同学鼓掌。

这样的情形于是蔓延开来，几乎所有要求匿名的男生女生，都勇敢承认"是我"。每一次勇敢承认的，我都和大家一起鼓掌喝彩。当然，主动要求公开姓名的同学更会得到赞美。

孩子们最喜欢的异性同学的情况五花八门，有学习成绩最好的，也有对自己最温和的。基本每一个孩子都是认真写的。

六、男生们喜欢的女孩

看看我摘录的男孩子们写的片段：

"我最喜欢的女生是×××。她体育有些'菜'，跑步有些慢，学习还不错，可以得一百。我喜欢她是因为她很可爱，成绩也很好，人缘则更好。我希望能和她交朋友，成为好朋友。我想有空的时候，当然她也要有空，我愿意多和她一起玩，一起交流书籍或者读书后的感受。我认为男女生交朋友并不就是谈恋爱，我认为这非常美好。我不会因为喜欢她而去打扰她。"

"女同学×××很令我喜欢，虽然她语文、数学、英语三门主科和体育、艺术方面都不是很好，但她非常可爱。她性格温柔、活泼开朗。我会经常和她一起玩，一起讲讲话。但前提是大家都写好作业，这样我们才可以玩得开心，否则既不能好好玩，还会受到老师的批评。我对举行这个班会表示赞同。"

"我喜欢×××同学。因为她不仅可爱，而且很乐于助人。还有她的声音很好听，让人感到她更加可爱。"

"我最喜欢的女生是×××。因为她不仅长得可爱，很漂亮，而且学习成绩好。她平时很可爱，生气的时候更可爱。"

"我最喜欢×××，虽然你学习成绩不是很好，但我知道你一直在努力。不过，你的体育是全班最棒的。我知道很多男生说你是女霸王，但是跟你接触后，我发现其实你很温柔。"

"这个活动很好，可以把内心中的真实感情表达出来。"

"我最喜欢的女同学是 A，她温柔可爱，很有礼貌，这一点不容置疑。没跟她同桌过的人绝对会以为她是暴力女孩，可在我看来，她却是个斯文可爱的女孩。我想，大部分同学认为我喜欢 B 同学吧。我是有点喜欢 B 同学，她品德很高尚，她也很漂亮，这点我也承认。可是，和 B 同学同桌过的都肯定有同感：B 同学有些暴力。A 同学虽然学习不好，但是她一直在努力。对了，她跑得快，这是我最羡慕的呢。为了 A 同学，我可以帮助她解决学习上遇到的困难，尽量去为她解说做题方法。我十分高兴沈老师会这么做，我还是第一次遇到如此英明神武的老师。这一次活动使我倾诉出了真情实感。要是以后上中学、大学也遇到这样的老师该多好。在以前，我们可从没表达过这样的心声，也不会拿出来跟大家分享。照沈老师的话讲，一个同学喜欢另一个同学，没什么大不了的，漂亮的玫瑰花谁不爱呢。可是，我亲爱的同学们，你们怎么像'狗仔队'一样八卦呢？这是每个人的隐私。我亲密的兄弟哦，你别再问这问那了，这会伤了我们的和气。"

男孩子们的很多句子都令大家乐不可支。这最后一张彩纸，来自班上最优秀的男生之一，他最喜欢的 A 同学是班上成绩最不好的女生，他提到的 B 同学是班上非常出色的女生之一。今天有两个男生最喜欢的女生是 A 同学，我看她感动得双眼闪闪发光。

读完男孩子们的心声，我组织讨论："男孩子们最喜欢什么样的女孩子？"大家七嘴八舌，包括男生也不断表达。我不总结，只是笑着对 B 同学说："要记住哦，温柔永远是女孩子最不过时的美德。想一想我们的班风，别忘了'优雅'哦！"

七、女生们喜欢的男孩

男孩子们无比期待听我读女孩子们的心声。我拿起那沓粉红色彩纸开始朗读。女孩子们的摘录如下：

"我最喜欢的男生是×××。因为他长得很卡通，人也很可爱。他对人很温柔，总是用温和的语气对人说话。他还很大方，每次我问他借学习用品他总是一口答应，再把东西轻轻递给我。我觉得 Miss Shen 举办的这个班会十分好。它既能让我们懂得表达'喜欢'的方法，又能让我们更好地去和异性同学相处。"

"我最喜欢的男生是×××。因为他经常在我有困难的时候帮助我。我以后会对他温柔些，在以后他有困难的时候也去帮助他。我觉得这个班会非常好，因为它让我们知道喜欢他人没有什么错，男生女生都可以。让我们能理解喜欢一个人是正常的，并不是早恋。"

"我觉得与异性接触，使我感到与异性有一道不可打破的屏障。就是这面屏障让我不能与异性如同同性一般对待。也就是这道屏障，使我感到异性是那么的不同，从而由好奇心变成喜欢。但可能喜欢一个人更多的原因是他的优点，使人对他的缺点视而不见。所以，我觉得这次的异性讨论会很有必要。这一次的讨论会，如一面镜子，既能照出一个人的喜怒哀乐，也能照出他的心灵波动。但最重要的是，你敢不敢面对镜子。"

"我最喜欢的男生是×××。因为他是数学天才，并且在时时刻刻帮助我的弱项——数学。虽然他表面看起来很惹人厌，很窝囊，不是女生喜欢的类型，但他那颗乐于助人的心一直在感动着我。"

"我最喜欢的男生是×××。因为他对人友善，也非常乐于助人。他还有一点幽默感，常常逗人大笑。"

读完女孩子们的心声，我又组织讨论："男孩子们，听到女孩子们的心声了吧？女孩子们大多数会喜欢怎样的男生？"男生女生都纷纷参加讨论，得出各种各样的答案：认真学习、积极锻炼、为人大气、有幽默感、对女生温柔……

八、受女生喜欢的俊

果然，男生俊很受女孩子欢迎，好几个女孩子最喜欢的男孩子都是他，包括倩一直耿耿于怀的女生欣。欣最喜欢的男生的确是俊，而俊最喜欢的女生也的确是欣。这个倩，眼力还真是厉害呢！其实，我估计她也是最喜欢俊，不然她也不会一而再再而三弄些风波出来了。但是，她写的最喜欢的男生是班上最优秀的模范生。她觉得这么写比较安全吧？她不愿意吐露真实心事，我并不勉强。

我还是没有找倩谈话。我觉得不需要。

班会课结束后，孩子们意犹未尽，不肯散去，可是又不知道说什么好似的。簇拥在我身边，叽叽喳喳了半天也没说个主要内容，听得我只好笑。

感悟

"被欺负"的真相

事件由女生倩"欺负"男生俊而起，但真相却并不是"欺负"，而是"不会表达喜欢"。在青春期前期，或许，有的孩子连"喜欢"这样的感觉自己都没有意识到，却不由自主地用各种各样奇怪的"欺负"形式去不断接近一个其实他/她内心喜欢着的异性同学。我很高兴自己越过"围堵"倩的"欺负男生事件"，而是真正引导孩子们去理解"喜欢的感觉"，去接纳"自己有喜欢的异性同学"，去学习"表达对异性同学的喜欢"，去尝试"大方坦然地跟异性同学交往"。

教孩子们学科知识固然重要，教孩子们认识自己的心意并能够正确地表达出来，并有能力按照自己的真实心意去跟人交往，我认为这更重要。或许，这是孩子们离开课堂很多年之后依然能够从中受益的知识之一。

逐一落实

——因为强开始的故事

一、盖子滑到地上去了

午餐时间，我带孩子们到餐厅。他们自行去指定区域入座，每张餐桌旁边都有一个泡沫箱。孩子们只需自己从泡沫箱里取出餐盒即可，餐具、汤、水果、餐巾纸已经由餐厅工作人员依次摆放在每个餐位上。泡沫箱自然是为了给饭菜保暖。

我去教工取餐处排队，取餐盘、餐具及水果，然后踩着高跟鞋小心翼翼穿过大半个餐厅回到自己班级的区域。等我走到自己的座位，发现泡沫箱的盖子滑落在我椅子后面的地上。我必须把盖子捡起来，放回泡沫箱上，才可以拉开椅子就座。

不用问，就可以想象，一定是坐在这张餐桌的男孩子们粗心，忙着取自己的餐盒，泡沫箱的盖子滑在地上都没在意。能看到这个情形的，只有男生强（化名）。他的座位挨着老师的座位。另外 4 个孩子坐在我对面，看不到我这边的地面。

强的午餐座位被我刻意安排在紧挨着我的位置，足可见这孩子平时有多淘气。他是那种经常被同学投诉"烦人""不肯吃亏"的孩子。即便平时的值日生工作，他也是那种绝对不肯多干一点的孩子。

二、"盖子不是我弄地上的"

我蹲下身,把椅子后面的盖子捡起来,盖回在泡沫箱上。然后落座,准备开始用餐。看了一眼强,我随口调侃他:"强,什么时候你能为他人服务一下?"印象中真没有他为他人服务的记忆。

他的反应出乎我意料!

他很快速地回答我:"那盖子又不是我弄地上的。"

我愣住了。其实我无意追究那个盖子是谁弄在地上的,我相信没有人蓄意把盖子丢在地上。

强第一反应的那句话,透露出来的信息,他自己或许不清楚,我却再明白不过了!对他人的批评、提醒、建议,他的第一反应不是接纳,而是急着推脱自己的责任。我看他一眼,淡淡回答:"我并没有认为是你把盖子弄地上的。"然后各自午餐,也听他不停地跟伙伴讲话。关于午餐说话,我并不绝对禁止。只要求孩子们"嘴巴里有食物的时候不讲话""声音要轻到只有跟你讲话的人才听见""吃饭的时候尽量少讲话"。我决定不在孩子们就餐的时候过多教育,以免影响他们的食欲。

三、如果是你会怎么样

午饭后,我照例带孩子们在外面玩。直到铃声响起才排队进教室。刚巧今天我在教室值班。我决定跟孩子们讨论强的那句话。

我承认,我是个善于发现"教育"机会的教师——当然在某些专家眼里,或许只是个善于逮住机会"说教"的教师。我觉得,只要不动怒不动气,就某个特定的情景,教师跟孩子们交流自己的看法,且不强行要求学生百分百接纳,只是试图引起孩子自己的思考与判断,这无可厚非。即便是以"说教"开始,最后若能引起学生思考,不也抵达"教育"?

我跟孩子们描述了中午的场景。说到我对强的调侃,我停了下来,问孩子们："如果是你，你听到这句话，你会有什么反应？"

孩子们的回答在我预期当中。有的说："会尴尬地笑笑。"有的说："会不好意思地什么也不说。"我答："无论大家是尴尬地笑笑，还是不好意思的沉默，我觉得这都意味着你在自省，你会觉得自己没有做得更好，没有让身边的人因为你而更加方便一些。"

我自然提到了强的答复，我说："强当时的回答，让我看到了他急于为自己开脱责任。我觉得这样不好。其实大多数同学都能明白，老师当时那句话，不是批评，而是一种委婉的建议或者提醒。面对他人委婉的建议或者提醒的时候，一个人是否有一颗接纳的心，这很重要。急于推脱自己的责任，肯定没有接纳的心。第一反应是惭愧，就说明你善于接纳他人的意见。你的心里一定会想：我是做得不够好，我要努力以后做得更好一些。"

四、你会关心他人吗

我的重点不是批评强，而是跟孩子们讨论："你是一个经常想到主动做一些事情让身边的人——包括父母、老师、同学——更加方便、更加舒服的人吗？你的同学如果没来上课，你会主动帮他整理课桌上的练习册与作业本吗？你的同学病假几天后回到学校你会主动问候吗？如果我指出教室里地面脏了，你会声明'我不是值日生'还是马上去打扫？在家里你会主动为爸爸妈妈做些事情吗？当他们很晚下班回来你会主动问候吗？你会主动帮老师收发作业本吗？"

教室里越来越静。

我继续："对他人的关心，是需要用语言和行动来表达的。你是一个经常用语言和行动来关心他人的孩子吗？如果你经常这么做，你的存在会让大家感觉很幸福。反之，则会让大家感觉不到幸福，甚至很烦恼。请大家闭眼，静心问问自己：'我'的存在，是让父母、老师、同学感觉很幸福还是很烦恼？"

教室里悄无声息。

几分钟后，我说："现在请大家睁开眼睛。我们一起讨论一下：'我'的存在，让身边的人感觉很幸福还是很烦恼？"

张举手了。我看到了他满脸浓重的自责神色。他是一个各方面都非常优秀的孩子，尤其善于主动为老师、同学服务。但是他说："我觉得自己很让父母和老师烦恼，因为我前一阵子学习非常浮躁。"我不忍再让他说下去，因为他自责得都快掉眼泪了。

女生娴也说："我也觉得自己经常让父母很烦恼，学习上不够努力。"

大家都畅所欲言起来，我看到强的神色越来越凝重。是的，这才是我想要的效果。我不想声色俱厉地批评他"自私""不为他人着想"，这样的批评对他那样的孩子未必有效，只会导致他当场的反驳及日后对我教导的抵触。我跟孩子们一起谈话，让他身处其中一起听，让他有所触动并自行反思，或许才有可能收到更好的效果。

最后，我总结了一下："前几天，我跟大家分享了三句话，是——"孩子们齐齐接口："心怀好意，口说好话，身行好事。"

我继续："那么，今天我送给大家一句话：让别人因为'我'的存在而感觉更加幸福。请大家复述一下。"

整班轻轻的诵读声响起，静谧美好："让别人因为'我'的存在而更加幸福。"

五、谁有空

下课了，我准备离开教室。看到饮水机周围地面有水渍，我随口问："哪位同学有空？用拖把打扫一下地面。"——我从来只问"谁有空"，因为有的孩子要上厕所，有的孩子要写作业，不能强行要求值日生。我看到强快速地站起来，走到饮水机旁边，准备打扫。如果在之前，我指挥他去打扫，他一定会声明"我不是今天的值日生"。如果恰好他是值日生，他也一定会声明"我不是负责扫那一排的"。如果再恰好轮到该他打扫那一排,他一定会抱怨"我太倒霉了,这一排有饮水机"。今天他不是值日生,他却主动站起来了。

我继续:"饮水机的水槽也要处理一下了。估计里面积水太多,溢出来了。"强拆下了水槽,另外有孩子去拿脸盆。得把水槽里的水先倒脸盆里,再去倒卫生间里,不然一路上都会是水渍了。

几个孩子纷纷告状:"沈老师,是强,他平时总把杯子里喝不完的水倒饮水机的水槽里,而不是倒卫生间里。"我对强笑笑,说:"你听到了吧?你之前的行为让很多同学觉得很烦恼,希望从此大家能因为你的存在而感觉到更加幸福。"

那么爱辩论的强,居然只是看我一眼,没有想辩驳的神色。他安静地继续和几个同学一起打扫。从他那温和的一眼中,我看见了他的接纳——接纳他人的批评或建议。这样的看见,令我高兴。真期望每一个孩子都深深铭记:让别人因为"我"的存在而更加幸福。

六、他的短文

放学时候,我对强说:"你回家后写一篇短文吧,关于对幸福与烦恼的理解。"他答应了。

第二天他声称写好了的短文忘在家里了,可接下来是周末。过了假期,我才看到他的小短文。没想到他的小短文名字为"检讨书"。这令我吃惊。我认真地跟他说:"我只是想看看你对幸福与烦恼的理解,不是让你写检讨书。"——事实上我很讨厌"检讨书"三个字。

他把短文更名为《理解》交给我。我细读第一段:"我给身边人带来的幸福并不多。一、二年级之后,我很少拿到奖状,考试成绩也很少在班级前十名。"这样对"让家人幸福"的定义,让我意外。我忍不住继续跟他讨论:"能不能给家人带来幸福,考试成绩不是最重要的依据吧?"他领悟,

再次修改他的"理解",这次写的是:

> 我给身边人带来的幸福并不多,我从没为父母洗过脚,为父母按摩也很少,连关心父母的话也不多。对老师和同学也是漠不关心,帮助老师和同学的次数也很少。
>
> 我给身边的人带来的烦恼十分多。每年惹几十件小事。为此,家长还专门教育过我很多次。
>
> 我以后要多为他人着想。

我忍不住笑,对他说:"自己的事情自己做!你的脚自己洗,你父母的脚本该自己洗,除非他们生病。那种为了表演孝顺特意去给父母洗脚是很虚伪的。当然,爸妈辛苦了一天,下班回来,你给爸妈按摩是很关心他们的体现。你自己知道以前关心父母的话不多。我很好奇:这个双休日假期,你有说过关心父母的话吗?"

强连连点头,一一数给我听:妈妈上夜班回来的时候,爸爸下班回来的时候……

我后来打电话给强的父母,询问这几日孩子可有关心父母的语言与行动,他妈妈说的确感觉到了。不过却并不知道孩子为什么突然会体贴起来,正有些讶然。

七、"我有空"

第二天放学后副班主任金老师告诉我一个细节:活动课上,金老师组织孩子们玩各种棋类游戏。活动课后,她问:"谁有空?来把棋送回体育器材室。"体育器材室离我们班级可不近,但是强主动走过去,对金老师说:"我有空,我来把棋送回去。"金老师说听到他轻轻絮叨了一句:"我也应该为大家服务。"当时金老师还觉得特别讶然。因为之前,强从来不会主动去做这样的事。老师或同学要求他做，他也一定不痛快，找各种理由推脱。

听到金老师转述的句子，心里极其感动。这个孩子，他或许今后还会给身边的人制造各种麻烦，但是，我相信那都只是出于他的无意。从今往后，他真心接纳了一个观点"让别人因为'我'的存在而更加幸福"，他会努力去践行。这样持之以恒，他身边的人会因为他而幸福，他何尝不会收获更多的幸福呢？

感悟

多一点具体而真切的教导

做教师的，常常会批评有的学生"要和同学团结友爱"。其实很多时候，不是孩子想好了要跟同学闹矛盾，要跟老师、家人闹别扭，只是他不懂得如何表达、如何行动才是合适的。"心怀好意，口说好话，身行好事"这样的提醒，"让别人因为'我'的存在而更加幸福"这样的教导……所有能够帮助孩子更好地与他人相处的细节，我们都该具体而真切地逐一落实给每一个孩子。

给爸爸写传记

——因为虎开始的故事

一、新苏州人

班上（六年级）的孩子，三分之二以上是新苏州人。这些新苏州人，极少数是从小就一直生活在苏州，大多数是到读小学的年龄才从老家来到苏州，还有一部分是最近一两年才来到苏州——因为，大多数孩子的爸爸妈妈，是要在奋斗了很多年后，才有能力在苏州买房安顿下来。这些孩子贸然从老家来到繁华的苏州工业园区，普遍住着带电梯的花园洋房，他们对父母的辛苦打拼能够知道多少？

二、虎拿了家里的钱

春游那天，发现学生虎（化名）私拿家里的几百元钱，然后非常豪迈地请客，从冷饮到玩具，受到很多男孩的追捧。一路调查下去，发现虎居然平时经常拿钱买网络游戏中的装备，因此他成为级别很高的玩家，很受一些男孩的羡慕。他还经常在放学回家路上请客——买路边小摊上的零食。因此，虎得到了不少"朋友"。有时候，他放学后没有完成作业不能回家，居然有几个"朋友"心甘情愿留下来等他，非要一起走。我曾以为这种状态是因为友谊，没想到真相居然是这样的。

虎爸虎妈获悉情况后，焦虑万分来校跟我交流。我大致询问了一下他们家现金存放的情况：虎爸在自主创业，虎妈帮着打理，包里经常会有企业进出的现金。这几天的确感觉讶然，虎妈刚取的2000元现金，貌似突然变薄了很多，但没有细数。虎爸也说最近一次包里的现金也是突然感觉薄了一些，但是也没刻意去数。这会他们两口子对"突然变薄的现金"去向大致有数了，可是，这样的心里有数，却是无比苦涩。

虎妈说："现在创业不容易，我们刚贷款了100万。最近家里的开销都是仰仗孩子爷爷的退休金。没想到却出现这样的局面，太令人难受了。"

我问："孩子知道这些情况吗？孩子经常跟你们去公司，大概只看到漂亮的办公室吧？"虎爸虎妈面面相觑，很吃惊我这么表达。

我继续说："其实，有时候是可以让孩子知道得更多一些的。或许，孩子就能够更加懂事一些。不然，他以为爸爸妈妈很有钱，他或许就不懂得爱惜财物了。"——我还是不忍心说"偷拿父母的钱"。这样的事，即便真是事实，也可以不经过教师描述。那样的描述，对于父母以外的人，或许轻描淡写；但是对于父母来说，则是锥心的疼痛。

三、采访你们的爸爸（妈妈）

很多成年人经常会说"现在的孩子太不知道父母的辛苦"，也经常感叹"孩子不知道心疼父母"。我不免要想：孩子们对父母究竟了解多少？如果孩子们知道爸爸妈妈的童年状态、爸爸妈妈的拼搏过程，会不会才有可能珍惜现在的生活呢？

放假了。借这个机会，我布置了一项有意思的作业：请采访你的爸爸（或者妈妈），为他们写一篇传记。因为顾及有些孩子父母离异，所以我让他们自由选，可以写"爸爸传记"或者"妈妈传记"。事实上，我更希望孩子们先去采访他们的爸爸。"从爸爸的成长史中，你还可以看到一个家族发展的痕迹。所以我建议大家尽量去为爸爸写传记。"我这样对孩子们说，并且叮嘱大家采访的时候要记录下爸爸妈妈成长过程中具体的时间信息。

孩子们对这个作业感到非常好奇与兴奋。

我只陈述了一个意图：你爸爸妈妈的成长史，就是你成长过程中非常重要的范本。他们成功的因素，我们可以学习；他们失败的原因，可以让我们借鉴。

节后，我收到孩子们大大小小、厚厚薄薄的各种笔记本。大多数孩子记录的是爸爸的成长史。他们给自己的采访笔记取了不同的名称：《老爸的前半生》《爸爸的酸甜苦辣》《爸爸的过去》《父亲的成长史》《爸爸的成长记录》等等。令人惊异的是，这些文章名称重复出现的概率极高。

四、交流给爸爸写的传记

在一节班队课上，我开始朗读大家的作品片段（作者姓名没读）：

"爸爸大学毕业后到苏州打工，从一个工程师一直奋斗到现在的部门主管，并在苏州落户。"

"我爸爸有好几根白头发。白头发是我让他操心而来的，我以后会让爸爸少操心了。"

"听完妈妈的传记之后，我忽然感觉自己幸福多了。可是，我们现在的独生子却身在福中不知福。"

"听爷爷说，爸爸小时候的日子很辛苦。天天吃不饱，根本没有现在的生活那么好。我还听说那时候买东西都需要票。"

"爸爸读小学四年级的时候，奶奶出了一场车祸，永远地离开了人世，全家人都悲痛欲绝，受到了巨大的打击。爷爷变得一蹶不振，常年生病。同时，爸爸的成绩一度直线下降。经过亲戚的开导和帮助，一个破碎的家庭慢慢恢复了。"

"爸爸去年买了大房子，成了房奴。我以后一定要好好学习，减轻爸爸的负担。我们一起加油！"

"老爸在自己的前半生觉得最有意义的一件事，是在一个寒冷的冬天为一个不认识的老奶奶拿行李，并送她回家。"

"这就是我老爸的前半生，虽然他遭遇了许多打击，但是他通过自己的努力，有了现在这么幸福的家庭。"

"把我的生活与爸爸小时候一比，差距可谓是天与地啊！所以我们要更加珍惜现在的生活，好好学习，才不会辜负父母的期望。"

"从爸爸的过去我得知：人生虽然艰苦，但是也伴有乐趣，要亲自去体会。"

"1982年爸爸8岁的时候，农村实行土地承包到户制，才解决了吃饭的温饱问题。爸爸高中毕业没有考上大学。怎么办呢？刚好那时候改革开放更进一步，农村青壮年开始外出，去沿海开放地区打工。爸爸也是其中的一员。爸爸经过5～6年的努力，省吃俭用，在我6岁的时候买了房子，我也由千里之外的老家来到了我的第二个家——苏州。"

"爸爸小时候，奶奶重病，家里很穷。有一次他和二叔商量许久之后，决定用他们俩身上一个月的零花钱（1元钱）去买4个包子给奶奶吃。当他们把包子给奶奶时，奶奶却说：'孩子们，我不饿，不想吃。你们吃吧！'爸爸说他当时热泪满面。"

"这就是我爸爸的成长经历，有苦也有甜。正如俗话说的'吃得苦中苦，方得甜中甜。'祝爸爸接下来的事业越做越好。"

"虽然妈妈小时候的那个年代人们很贫穷，但大家都很善良。也许贫穷使得人们体会到生活的不容易，人与人之间都充满了信任。妈妈在说她的前半生的时候，提到姥爷的那部分说得最清楚，好像在说一个已经重复了很多次的甜美的梦一样，她一定很爱姥爷。"

"通过对爸爸工作经历的了解，我体会到他们工作的艰辛和收入的来之不易。我要努力学习，争取找一份好工作。"

"我爸爸出生在一个普通的农民家庭，在很小的时候，就在家里干一些力所能及的事情。"

一篇篇读过去，教室里越来越安静，孩子们的神情也越来越凝重。这样的凝重里，一定有他们自己的反思。这样安静反思的时候，并不需要我的说教了。

五、不要求回答的问题

后来，我抛出一些问题：私自拿家里的钱请客，是否应该？接受这样的请客，是否有资格？为了接受这样的请客而做朋友，是否是一个有格调的人？真正的友谊是否会建立在这样的基础上？……这些一般疑问句，我都没有要求孩子们作答。有些答案，不用说出口，但或许可以深深地镌刻在人们的心头。

班会课后，我按照虎提供的名单，找到相关的同学，逐一跟他们核对并确认需要还给虎的钱、物。玩具退还，吃掉的零食与饮料退回大致等价的钱。我后来跟所有的家长发短信提醒：请教育孩子"在大家没有能力赚钱的时候，谁也没有资格请客；依靠爸爸妈妈的钱请客，并不光荣；接受这样的请客，绝对不该。"

第二天，基本上相关的孩子都向虎退钱退物了。虎有些蔫蔫的，那么多"爸爸传记"和收到的被退回的钱物，是否给他上了极其难忘的一课呢？

感悟

真正的教育是唤醒与激发

与其声色俱厉地教训他，莫若撼动他的内心，让他真正自省。这样的过程，或许才是真正能够走进儿童内心世界的"教育"与"受教育"吧？总是觉得，好的教育就是唤醒对方的愧疚、激发起各种向上向善向美向好，而不是让对方觉得被羞辱而心怀各种怨责，一有机会就蓄意挑战和反抗。

情绪管理的 "教" 与练

——因一次体验活动开始的故事

一、家长的情绪不转嫁给孩子

学校得到一个机会，周三下午一年级的孩子们可以去东方之门参加 "冠军冰场" 的 "江苏省青少年冰雪训练营" 的半日体验活动，由苏州市体育局和苏州日报社承办。但是名额有限，每班只有 18 个名额。

这 18 个名额如何产生？由于忙碌，我周一晚上没有来得及安排报名一事，周二下午要报给德育处名单。考虑到周二是工作日，我把报名时间安排在中午 12：30。这个时间，应该大多数家长能够有空看手机。

为了保证公平，我 9 点多发好预备通知，通知 12：30 将在 "晓黑板" 讨论组报名。每过半小时，我就查看有多少家长还没有阅读这个预备通知。没有看到的，我通过 "晓黑板" 的短信提醒功能和电话提醒功能，去一一提醒。直到 12：00，显示还有 4 个家长没有阅读预备通知，我再一一电话联系，确保全班 43 个孩子的家长都收到通知，知道报名的时间与方式。

12：20，我进入讨论组，贴心地提醒家长："可以在对话框编辑好自己家孩子的姓名，后面跟上'报名'一词。我说开始就发送，前 18 位报名的算报名成功。"——以免有些孩子因为自己父母的技术问题而错失机会。

12：30，我宣布：开始报名。几十个 "×××报名" 几乎同时刷屏。我截图，将他们的报名顺序从 1 标注到 18。报名活动结束。有个家长立刻哀怨起来：孩子知道了肯定会很失望的！

孩子知道了一定会失望吗？其实，有一种失望，叫作"妈妈觉得很失望"啊！

我在讨论组发言："请各位爸妈控制自己的情绪，别把沮丧的情绪转嫁给孩子们。不去苏州中心的孩子下午在校内也有活动。请大家不要跟孩子提这个事。为孩子报上名的爸妈也不要跟孩子提这个事。明天晨会课上我会统一处理孩子们的情绪。如果家长的表达不合适，会伤害到孩子的。"

二、组织学习"机会"

周三的晨会课上，我在黑板上写了大大的两个字：机会，然后请孩子们讨论什么叫"机会"。他们的答案五花八门，我带他们给"机会"分类。

第一类机会是每个人都有的机会。我举了很多例子。最简单的是：每个小朋友都有机会上学。

第二类机会是需要通过个人努力才得到的机会。比如，再过一个月，我们要期末评优了，谁有机会评到三好学生，这需要你平时努力取得好成绩。比如，我们班经常得到流动红旗，那是因为一（6）班的小朋友平时很努力遵守规则……孩子们得到启发，也举了很多例子。

第三类机会是只需要运气，不是每个人都有可能得到的机会，跟你的努力也无关。比如，沈老师有一年参加春节团拜会，运气很好，抽奖获得一部手机，非常高兴。但第二年我就运气不好，鼓励奖都没有抽到，我也哈哈一笑。

这第三类机会是我今天要带小朋友们重点讨论的话题。他们由此纷纷展开讨论，讲述各种爸爸妈妈的好运气或者坏运气。我都努力引导他们：这只是运气好（或者不好），不是我们自己足够好（或者不够好），没必要骄傲，更没必要生气或者难过，都哈哈一笑就好。

三、讨论大家不同的"机会"

讨论到一半的时候，来教室拿东西的副班主任赵老师听得有趣，又不走了！我就拿赵老师举例："我告诉你们啊！今天下午，学校有两场活动。一场是外出，一场是在校内。校内的小朋友要去体育馆参加各种活动，然后去报告厅看电影。校外的活动是去苏州中心，体验滑冰。我和赵老师两个人呢，学校会安排我们一个人去校外，一个人留校内。我很想留在校内，因为可以休息，也不用乘车。但是我运气不好！学校安排赵老师留在校内！你们觉得，是赵老师比我表现好才能留下来，还是因为运气好才能留下来？"

孩子们哈哈笑："是因为运气好！"

"那我在这件事上的运气不够好，我会不会生气、难过？"

"不会不会！"

"对啊！我不会生气、不会难过。我会期待下次我的运气好一点！"

然后我话锋一转："今天下午有 18 个小朋友去校外活动，是因为昨天报名时候，他们的爸爸妈妈运气比较好才报上名的。报上名的，高高兴兴外出去活动。运气不够好没报上名的，留在学校参加活动、看电影的小朋友呢？"

"也高高兴兴！"孩子们大声回答。

午饭后，我带着 18 个孩子去整队乘车。我对留在教室里的孩子们说："你们现在可以去拿工具箱了，今天中午的手工时间比较长，有一个小时。下午就是去体育馆活动和去报告厅看电影啦！"

"耶！"留下的 25 个孩子欢呼起来。这欢呼，令经过办公室的其他老师觉得：这些孩子是不是傻掉了，不能外出参加活动还这么高兴。

四、复述各自理解的"机会"

下午活动结束后返校，我给孩子们追加了一个作业：今天跟孩子们用

各种故事学习了关于"机会"的理解，请孩子们复述给爸爸妈妈听，并录音发给我。（提示：老师说"机会"分3种）

结果，晚上我收到的复述的差别实在太大太大！如果我不及时解释，怕是有些父母要给孩子绕晕了。我认真在电脑上编辑了一段文字，集中发送给家长：

各位爸爸妈妈好！收到不少孩子们关于"机会"的复述，有的复述得很好，有的令人啼笑皆非。所以，建议父母相信：很多时候孩子未必说的是事实——他们不是故意撒谎，而是年龄原因或者记忆原因，不能很好地准确复述老师的原话。我所知道的不少父母对教师的误会，就是产生于"父母认为自己家孩子绝对不会撒谎"。

关于"机会"。今天重点讲了两次，一次在晨会课，一次在雨天的室内大课间。两次都用的各种故事，帮助孩子们理解：我们的一生中有很多种机会，一般可以分为三种。

第一种是每个人都会得到的机会，比如所有的孩子都有机会上学。第二种是需要通过个人努力才能获得的机会，比如一个月后的期末评优，只有平时努力了才有机会获取"三好学生"或者单项优秀奖。第三种机会纯粹是运气，不是每个人都会有的，也跟你的个人努力无关。比如爸爸妈妈去抽奖，有机会获奖或者没有机会获奖，比如今天下午有机会外出活动。这种凭运气得到的机会，如果得到，我们会哈哈一笑；如果运气不好没得到机会，我们也应该哈哈一笑，然后等待下一次这样的好运气，不要为运气不好而难过或者生气。

因为这样的铺垫，今天午饭后排队外出活动的孩子固然高兴，另外留在学校里活动的孩子也是欢呼连连——因为知道了下午的校内活动安排！我努力在教育他们，对待这些凭运气得到机会或者得不到机会的事，都可以一笑置之。建议各位爸妈平时也多分享这样的故事给孩子，可以让孩子成长得更豁达、更大气。

令我感动的是，有些家长在收到我的文字解说后，会带着孩子重新复习关于"机会"和"运气"的理解——尤其是运气不好的时候如何面对。他们会主动重新给孩子录音，加深孩子的理解。这份慎重真令我为那些孩子欣慰啊！

五、实际运用对"机会"的理解

分批参加冰雪世界体验活动回来后，第二天——周四，刚巧就是学校的趣味体育节。

晨会课上，我宣布："今天下午是学校的趣味体育节，等会儿我们都去体育馆观看比赛。这是第几种机会？"

小朋友们大声回答："第一种机会！""每个人都有的机会！"

我再宣布："我这里有一张表格，是体育老师记录的全班小朋友跳绳的个数、跑步的速度、体育达标的情况，我根据这张表格，给大家报名了下午的运动会项目。有的参加跳长绳比赛，有的参加跳短绳比赛，有的参加抱球接力赛，有的参加丢沙包比赛。"

班上大概有三分之二的孩子参加了比赛。

我问："那些参加比赛的小朋友，他们的机会是第几种机会？"

"第二种机会。""要通过自己努力才能得到的机会。"

我追问："如果你很想参加比赛，可是这次又没有得到这个机会，怎么办呢？是哭，还是生气？"

小朋友们都眯眯笑："不是不是！是哈哈一笑！""想参加比赛的话，平时多练习，争取自己比别人跳绳跳得多、跑步跑得快，明年就有机会啦！"

小朋友的通情达理真的是需要教的。因为这样特意地教，他们不觉得受伤——这次没有机会参加运动会的比赛，他们满怀信心期待下一次的机会。

此外，我们班的小朋友在学期初的时候就被建议诵读《365 夜精选儿歌》，全本书 216 首儿歌。小朋友们日日找我过关。每过关 30 首，我就奖励一张书签。整本书过关，可以得到 7 张书签。至今为止，全班 43 个孩子中，已经有 18 个孩子过关整本儿歌书了，不仅巩固了汉语拼音，也认了很多汉字。这些孩子已经开始冲刺《日有所诵》（一年级）了。

我也借此带小朋友们复习关于"机会"的理解。

我："我们班每个小朋友都可以到老师这里来过关儿歌，得到过关书签。这是哪一种机会？"

小朋友："第一种，每个人都有的机会！"

我："有的小朋友得到了好几张书签，整本书过关老师还拍照发在家长群里，这是特别荣耀的事。这是哪一种机会？"

小朋友："第二种，自己努力才能得到的机会！"

还有小朋友现场卖乖的："老师，我也会继续努力的！我也要尽快得到老师发照片的机会。"

每天午饭时，只要餐厅配的不是酸奶而是水果，我都会带他们复习："今天有的小朋友运气真好，得到一个很大的水果。开心吗？"

小朋友："开心，运气好的时候就哈哈一笑！"

我："有的小朋友今天运气不怎么好！得到一个很小的水果，怎么办呢？是难过还是生气？"

大家一起回答我："也要哈哈一笑！相信下一次也许运气就好了。"

感悟

在"训"之前先去"教"

孩子们其实没有一些爸妈以为的那样容易受伤。"孩子得不到这个机会一定很失望。""孩子不能参加一定很难过。""他拿到的苹果比别的小朋友的小很多,他一定不高兴。"这样的"失望""难过""不高兴"也许只是一闪而过,也许根本没有萌生,只要父母不在孩子面前强化。

孩子们各科目的知识与技能,当然是需要不断温故而知新的。他们的情绪管理,其实也是要反复巩固与操练的。这样的反复巩固与操练,就是在"教学生",而不是在出现问题后去"教训学生"。

这世间没有一滴眼泪是白流的

——一年级娃的眼泪的故事

一、萌的眼泪

一年级娃的新学期第三天。

今天早上，女孩子萌又红着眼圈走进教室。

她在报名那天，在教室里哭得肝肠欲断。当时我在走廊里审核家长递交的信息，请家长核对"九年一学位登记表"并签字，我没有片刻时间去教室安抚她。她妈妈在走廊里排队，也只能遥遥安抚几句，肯定很心疼。当时主要还是副班主任赵老师在陪护她。等我忙完所有资料事宜进教室的时候，她已经安然无事了。

然而，前天——开学第一天，还有昨天，她进教室的时候，眼圈都是红的。从校门口到教室，这短短的一段路，对于这个脆弱的孩子而言，是多么让她难过的分离之路啊！

每个孩子面对分离的接受程度都是不同的。不舍分离，是她的软弱。教师要格外关注，却不可以温情泛滥。哄她"一天很快过去的""很快就可以见到爸爸妈妈了"是空洞的，甚至是欺骗：成年人觉得很短的一天，在她那里也许就是无比漫长的一段时间。

孩子离开父母来到学校，学习的第一项不是学科知识，不是规则，而是学习接受分离。作为教师，只能是陪着她接受分离的那个人，而不是哄骗她"分离比你想象得短"，放任她滋长"与爸爸妈妈分离是不应该的、是不快乐的"这样的情绪。

所以，我总是迎到门口，就是假装没看到她的红眼圈！我轻轻问好，轻轻把她带到座位，轻轻赞美"你今天的这件衣服好可爱"，轻轻嘱咐她"把你的工具箱放入几号收纳箱"，轻轻问她"你会读昨天布置的儿歌了吗？准备好了就来读给我听，我给你盖笑脸章"。孩子在我轻柔的语言和一大串连续的动作之后，注意力完全被转移——我不放任她的眼泪在教室里"飞"。

每一个课间，我都会第一时间赶到教室。提醒所有的"小不点"第一件事是喝水、上厕所，同时，一定会认真关注萌的表情。如果她有情绪低落，一定及时干预，用语言和行动转移她的注意力。看来还好，她的分离恐惧症基本只在早上发作。

孩子，愿你慢慢接受分离。成长就是这样艰难的啊，从与父母分离开始。

二、强的眼泪

今天下午最后一节课，体育课上，男孩强（化名）又不高兴了！这是他第三天不高兴了！今天他来不及飙泪，就赶上了放学时间，他急着收拾书包，来不及放任自己的眼泪溢出来。

他的眼泪总是来势汹汹！

他开学第一天就哭，是因为语文课上多次不遵守纪律，语文老师说了句"批评强"，他就大哭，课上不停号哭，课后继续。一直哭到下课后语文老师走过去，向他解释"说'批评'不是特别严重的词"诸如此类。

刚巧我走过去，问明缘由，我建议语文老师回避。我对语文老师说："没事，强过一会儿就好的。"

强听闻我这句话，变本加厉号哭。

我对着他重复："没事，等一会你会好的。"

接下来是孩子们喜欢的体育课，他当然马上没事了，去上体育课了。

昨天，孩子们在上美术课。我经过教室，强又在号哭。其他孩子在做手工，美术老师忙着在巡视、指导。我对强挥挥手，示意他走过来。他看看我，不理会我。我走过去，对着他："强，你怎么了？说说看。"他不说，转头看着美术老师，继续声嘶力竭号哭。我明白了，很明显，上次是语文老师"惹哭"了他，这次是美术老师"惹哭"了他。谁惹哭了他，谁就必须哄他，不然，他就哭给他们看！

行吧，我明白了。我撤退。

美术课后，他继续号哭。美术老师告诉我：在课上做小游戏，他输了。

强，你这样的眼泪，首先我擦不干——因为不是我"惹哭"你的，估计我怎么擦也没有用。然后，即便我帮你擦干了这几次的泪——我来抱着你，给你擦眼泪，对你说"语文老师不是故意批评你""美术老师设计的游戏太难了"，我能帮你擦一世这样的眼泪吗？

昨天放学后，强的爸爸来接他，我略跟他聊了几句。他表示家里妈妈太宠了，以后会注意的。

然而，今天体育课上强的再次不高兴，让我警惕！强的爸妈说以后会注意的。他们真的知道问题是什么吗？知道解决之道吗？

三、朋友家孩子的眼泪

晚上，我在吃水果的时候浏览着朋友圈。看到一个朋友分享自己孩子读一年级的信息，突然想起几年前她曾跟我咨询的一个细节！

那会，她的女儿读幼儿园小班，4 岁。孩子非常聪慧、好学，他们给她报了好几个课外班，孩子都特别愿意去上课，尤其喜欢外教上的英语课。可是，有一次突然发生意外情况，孩子特别期待上外教课，但是到了教室门口，却无论如何不肯进去。问她"喜欢外教老师吗"，她答"非常喜欢"。问她"喜欢英语吗"，也是"非常喜欢"。可是就是不肯进去。第一次发生这个情况，妈妈以为孩子情绪低落，也就不勉强孩子，把她带离课外班。第二次去上课之前，各种思想工作，各种问询，都是"喜欢外教老师，喜欢英语课"，可是到了教室门口，又不肯进去。妈妈试图勉强，孩子就焦虑得哭。妈妈和老师都看得出她想上课，但是又像是有什么原因阻碍了她进去上课。

当时，我建议朋友回忆：在孩子最后一次外教课的时候，有没有发生与平时不一样的事情？朋友说：完全没有啊。上课的教室是玻璃的，我就坐在外面，全程都看到的。

她想了想，终于想起一个细节：那几天孩子肚子不是很好，有些拉肚子。她事先叮嘱过孩子，如果上课中途觉得肚子不舒服、要上厕所就跟老师说，妈妈就等在门外，会带你去上厕所的。所以，那天孩子上课中途出来上过一次厕所。

我推测：你的孩子一直是完美主义者，各方面表现都一直很好，凡事都争"第一"，也许会不允许自己犯错。她觉得上课途中出来上厕所，而且是在她非常喜欢的外教老师的课堂上，她会觉得这是一个过错。所以她后来再次过来上课的时候，在特定的环境下，她会想起自己的这个过错，她会觉得有压力而不肯面对外教老师。

我建议：你不要跟孩子提这件事，但是你在家里多跟孩子进行一些演练，多进行一些比赛，比如：谁先把饭吃完，谁先到门口，谁先跑到那棵树下……比赛过程中，可以一开始你多输一些。每次输了之后，要向孩子分享你的心情："妈妈输了，但是没关系，下次我表现好一点就行了。没有人会一直赢的。"她直接补充："在家里爷爷奶奶经常跟她玩各种比赛，爷爷奶奶从来都是让给她的，所以她一直是第一名，一直是赢的。"

怪不得啊！一个一直赢的孩子，一个一直"第一名"的孩子，一个非常外向、好学的孩子，才不会接受自己在课堂上出来上厕所，她才那么焦虑，不知道怎么办才好。

我的朋友接受了我的建议。家里与孩子的各种比赛类的游戏增多，让孩子输的次数也逐渐增多。孩子这方面的焦虑后来就慢慢消退了。

四、是不是经常"第一名"

因此，晚上我特意给强的家长打电话，了解他在家里的情况。问：孩子在家里是否玩"第一名"的游戏？孩子是否被谁惹哭了，一定要某人哄才能止哭？爸爸的电话开着免提，爸爸妈妈同时各种"是是是"。我给出了同样的建议：近期多操练各种比赛性质的游戏，爸爸妈妈输了的时候要主动分享自己输了的心情。慢慢让孩子增加不是"第一名"的体验，接受"我也会不是第一名"，并不再为自己"输了"而崩溃痛哭。

强的爸爸妈妈很接受我的建议。

感悟

痛过之后才能成长

一年级第一周，教室里的各种眼泪在"飞"。这世间没有一滴眼泪是白流的，所有的眼泪都让人经历各种生长痛。痛过之后才成长啊！无论孩子，还是成年人。

孩子们，加油！

暂缓使用的"建议"

——因"上厕所"开始的故事

留意到班上（六年级）的两个大个子李和赵经常在早上去卫生间是最近的事情。

虽然学校反复呼吁孩子们不要早到校，可是，很多孩子为了乘时间合适的公交车，还是提前到校——如果乘下一班车，有可能会迟到。也有的孩子是因为父母要赶在上班前把他们送到校。此种情形下，最好的平衡是：我这个班主任早点到校，陪伴这些孩子，以免有安全事故发生。

早上，我常常坐在窗前，安静改作业，或者看书。很多时候会放轻音乐，黑板上注明乐曲的名字。早到的孩子们也习惯了"安静地做自己的事"——这是我的要求。孩子们基本都选择了看课外书，这是我一贯倡导的。也有个别孩子轻声背英语、背语文。我不允许他们到校后第一件事就是交作业本——那样的话，整个教室将一直充满着找作业本的声音和来来回回找组长交作业的脚步声。自律能力差的孩子，不是故意磨磨蹭蹭影响他人，就是自己受这些干扰的影响，无所事事。

其间，要喝水和要上厕所的孩子，从来不需要向我汇报——我认为汇报会影响教师和其他同学，我一直要求："轻点，以免打扰他人。"因为我常常埋头批作业或者看书，很少留意到哪些同学离开教室去上厕所，所以李和赵经常早上出去上厕所是这几天无意中留意到的事。

一大早就要上厕所的，本来就不多。天天结伴去上厕所的，就更加少了。这是为什么，我自然明白——他们两个是好朋友，大概早上见面了有话想说。可是，教室里非常安静，他们不好意思聊天，只好打着"上厕所"的幌子出去溜达一圈。

我当然不能批评他们——上厕所是正常的，但是我也不能不给他们提个醒——已经有同学嘀咕了："他们两个老是出去上厕所，肯定是趁此机会出去玩。"如果我放任不理会，则对其他同学不公平。

今天早上，李早早进教室，安静地看课外书。过了会，赵也来了。他们互相使了个眼色，就并肩出去上厕所了。我不出声。

等他们笑眯眯回来，我也笑眯眯地招呼他们："我发现你们两位上厕所的频率比其他同学高很多啊！"他们两位心虚地笑，其他孩子也开始笑。这是我的第一步：陈述我看到的现象。

我继续说："我有些担心呢，不知道你们是否身体机能有些问题。不然怎么会比其他同学上厕所的频率高很多。"这是我的第二步：表达我的感受。

然后，我说："我觉得我应该向你们两位的父母反映这个情况，建议他们尽快带你们去医院做个检查。"——这是我的第三步：提出我的建议。

旁听的孩子们笑得东倒西歪，他们两位也笑着哇哇叫："不要啊！老师，我们身体没有问题。"他们越是辩解，同学们越是觉得好玩。

我继续笑眯眯地说："既然你们觉得自己身体没有问题，那么，我可以再观察几天。如果你们的症状有所减轻，并一切正常，那么我就不给你们爸妈提这个建议。"——这是我的第四步：策略。

他们两个大笑，笑着回到自己的座位。其他孩子也笑个不停。

我希望孩子们在觉得有趣的同时，感受到老师在教育过程中体现出来的文明、温和，这比达到教育目的更加重要。教师处理问题的方式，本身就是教育的范本。师生关系，就是人与人的关系。孩子们到学校里来，不仅要学习文化知识，更要学习如何与他人交往。谁都不可以对着他人的不妥、错误简单粗暴地指手画脚，教师有责任有义务让孩子们慢慢懂得如何对他人提出调整意见。

　　我不一定能够做得很好，但至少，一直心存此念。

只要你是善良的，就会持续年轻

持续加班几天后，最想做的，就是什么也不做。

在客厅里，泡杯茶，听音乐，也读读诗集。今晚不想读书，因为不想思考。读书，是一件颇该值得警惕的事。总是在书中，对照出自己的弱与浅，迟与钝，不免要心慌与羞愧。读诗，则只需要慢慢地、一行一行地长短句读过去。字句本身的跳跃与节奏，让我免于思考。字里行间是他人的心事，或淡或浓，让人回味无穷。

我向来是喜欢读宋词的。

然而后来，自己也觉得诧异，居然开始读外国诗人了。

不知不觉爱上了辛波斯卡。

仍然爱那句：

苍老是
恶棍所要付出的代价。
那么，不要抱怨，虽然难以忍受；
只要你是善良的，就会持续年轻。

想起这几年间结识的、见过的女子，但凡是善良的，真的由内而外的年轻。那些年轻的，但凡不良善的，不过三五年，就遽然委顿。

诗人真是敏锐。

读辛波斯卡的时候，室内汩汩流动的音乐是单曲循环的《Eyes on me》。有时候会有一种混搭的感觉，好像就是辛波斯卡傲娇地在哼着：You will know that you're not dreaming…

身为教师，我喜欢"善良"一词远甚于"爱"。有时候，教师对学生的情感与态度，不是一定要拔高到"爱"那个高度的。爱很宝贵，如果做不到很爱学生，那么，一个受过良好教育的成年人，对孩子多一些善良的体察，就已经足够。

一、生日快乐

想起那天，一个小朋友强自己用铅笔戳进了手指缝，略有血迹。为使他安心，我带他去医务室。在去医务室的路上，他没头没脑地来一句："今天我生日。"我真诚地对他说："祝你生日快乐！等会儿我会请小朋友们给你唱生日歌。"

"可是，我的同桌小朋友也不知道我今天生日。"这句话的背后是，他愿意他的同桌以及更多的小朋友更早地知道他生日——当然，不限于仅仅知道他今天生日。

刚巧是音乐课，我把他送到音乐教室。跟音乐老师说明情况，请音乐老师现场在教室里奏起生日歌，孩子们一起为他唱生日歌。站在钢琴前领唱的他激动得脸都涨红了。

放学的时候，我在跟孩子们挥手道别的时候，再次提醒：今天是某某小朋友的生日，让我们一起对他说——

全班孩子大声说：生日快乐！

这应该是一个特别有仪式感的生日吧？其实我经常会组织孩子们给过生日的孩子唱生日歌曲。简单的旋律里，有丰富的表达。

来接孩子的家长特别激动。后来这个爸爸联系我，询问班级里小朋友的人数，准备明天给每个小朋友准备一份礼物，我拒绝了。因为班级里还有家庭条件比较紧张一点的孩子，不想给那些孩子增加压力。没有对比就没有伤害。我愿意让孩子懵懂一点，童年会很快过去的。以后他们就会知道区别，甚至计较现实世界的高低与富贵贫穷，他们会为此欢喜、悲伤、骄傲、自卑。

二、"小骗子"

在教育现场，我才有机会把自己活成孩子般的天真。

最喜欢每天早上跟飞同学乐此不疲地玩一个游戏。那个飞同学，开学第一天，就因为他的书包，对着我大哭，各种"但是""可是"地抵抗他不喜欢的规则。

后来，我们每天早上的游戏是：他快速地把书包里的书和文具盒掏出来，放进桌肚里，然后故意把他的书包留在课桌上面。然后，他就会悄悄走到我身边，拉我的裙角："老师，你开始数数吧。看你数到几我才能把书包挂到椅子背后。"我一定非常配合："好的。我开始数数了啊！"他就狡黠一笑，飞一般把书包挂到椅子背后。我就一定夸张地瞪大了眼睛，数落他："哇！你太坏了！你骗人！你真是个小骗子！"

每次听到我这么说，"小骗子"都会乐得眼都睁不开，而且，不厌其烦天天要来一遍。当然，他一定是以最快的速度整理好他的书包。

在那一刻，在这个"小骗子"面前，我俨然是个和他一般大的孩童。

三、芦荟胶

教室在底楼。我买了花露水，每天早上，我会给教室各个角落喷洒。额外再给早到的孩子小腿上单独喷洒一些。即便如此，皮肤敏感的孩子还是经常会出现被蚊虫叮咬的"大包小包"。我带了芦荟胶，悄无声息给他们涂抹。

刻意悄无声息，是不想让不会被蚊虫叮咬的孩子注意到。即便如此，还是有更多的孩子以各种理由要求涂芦荟胶。有的是在草坪上滚过了有些痒；有的是不小心摔跤了；有的是被同学手里的东西擦到了；有的是昨天晚上没洗澡；有的是衣服上的商标……总之，千奇百怪的理由。

他们哪里是为了芦荟胶或者花露水（也有的是要求涂抹花露水），是为了被老师搂在身边、温柔涂抹吧？

我不得不跟家长发信息：是否有孩子对花露水、芦荟胶过敏？

感悟

成年人就该善待儿童

这一切是爱吗？我更觉得是善良。这是一个成年人，对一个儿童应该有的温情与善意。这是一个母亲的同理心，无论在我孩子小时候还是现在，我都祈愿她被世人善待。

"只要你是善良的，就会持续年轻。"所以，善待儿童吧，这会让我们持续年轻。

像孩子一样

做教师最大的福利，也许就是：教着教着，就把自己教成了孩子——只要你愿意。

这个世界上唯一把成年人时而看成是长者、时而看成是玩伴的人，大概就是孩子。年龄越小，这样"矛盾"的定位越是明晰。我喜欢自己在孩子们面前的模样，时而可敬、时而可亲，而且，我更喜欢后面一个角色。

一、像孩子一样天真

放学路上——从教室门口走向校门口的这一段短短的路，男孩 Y 告诉我："老师，H 昨天晚上梦见你了呢！她已经梦见你两次了，可是只梦见我一次。"

我惊喜地对着 H 欢呼："真的梦见我两次了吗？我觉得好幸福啊！你看清楚我在你梦里干什么呢？"

H 羞涩地微笑："我没看清楚哎！"

我有些遗憾又有些期待地说："那你下次梦见我的时候一定要看清楚哦！而且要自己来告诉我，好不好？"

H 高兴地大声回答："好！"

"下次梦见我的时候"，这样的时间状语，实在天真。据说，年过二十岁再被形容"天真"是一件可耻的事。但我毫不介意地承认，我愿意像孩子一样天真。

二、像孩子一样顽皮

班上有个小朱同学，坚决不肯吃任何荤菜。其实，蔬菜他也不爱吃，只是迫于我对全班小朋友的"严苛规定"——每个小朋友至少要选一样蔬菜吃完，才勉强吃完一份蔬菜。他的个子像豆芽菜一样，身形极小。每天午饭的时候，我总是从我的餐盒里分给他餐厅向教师单独提供的菜——有时候甚至只是一份酸菜，大概他觉得有"分享老师的菜"的小窃喜，才好歹就着这份菜吃几口饭。

有一日，餐厅提供的荤菜是大肉丸。我取完餐盒回来，丁老师去取餐。我突发奇想，说："小猪猪，我们来跟丁老师开个玩笑吧！"他好奇地看我，很期待下文。

我说："你把肉丸咬一口，然后呢，我就对丁老师说，'咦，小猪猪的肉丸怎么缺了一口？'好不好？"

小朱同学巨欢乐，狠狠咬下去一大口。用此办法，我忽悠他把肉丸啃掉了四分之三。我还在继续："要不，你把最后一口吃掉吧！等丁老师回来，我就可以说：'啊呀，丁老师，小猪猪今天少了一份肉丸哎！会不会是食堂阿姨忘了给啊？'"他满脸向往！可惜，他告诉背对着取餐窗口的我，说："来不及啦！丁老师已经回来了。"

我还是极其夸张地跟丁老师开玩笑："丁老师，小猪猪的肉丸只有一小口！会不会被谁啃过了啊？我们要不要问阿姨为他补一份啊？"小朱平时在老师面前一直是扮演高冷范的，今天居然笑得像花儿一样灿烂。丁老师极其可爱，还把自己的肉丸切了一半给他吃（我不吃肉类，所以没有要肉丸），他居然也吃下去了。

一个玩笑，可以让一个"令妈妈为吃饭问题愁死"的孩子，吃了他从来不肯吃的肉丸，这是多么有意思的事呢！我愿意留心，跟孩子们多开开玩笑，在玩笑中，解决一些问题。

三、像孩子一样无赖

最近小 A 同学的新乐趣，在于攻击各位教师。他不止一次出手或者试图出手攻击我们几位教师，而且毫无理由。运气好的时候，可以躲过去。有时候毫无征兆被他击中，次数多了，难免有些小郁闷。

昨天，我经过在走廊里玩的小 A 同学，准备去教室。他妈妈叫住我，咨询一些问题。我尚未开口，他就准备踢过来。幸好我身手敏捷，及时躲过。

不过，这次我不再像以前那样对着他妈妈无奈地苦笑了，也不再等着他妈妈温柔地说"宝宝不可以"。我蹲下身子，非常认真地看着他的眼睛，对着他说："下次你再踢我，或者踢其他老师，我就踢你妈妈，反正我比你妈妈个子高。"

他是个"为什么"大王，他问我："为什么？为什么我踢了你，你要踢我妈妈？"

我认真地回答他——从头到尾我都是心平气和，从不凶神恶煞状，"因为你妈妈没有把小朋友教育好。"

这话难不倒他。他立刻反问我："那我爸爸来学校呢？"

这话也难不倒我！我立刻回答他："你爸爸说他不好意思来学校。"他爸因为他而宁愿躲着老师，他当然知道。

这一招还是有效的。今天我再经过他身边，他居然不再试图攻击我了。经过他的一瞬间，我有一丝隐秘的欢乐。

不过，我实在太小觑他了。人家换新花样了！他说："妈妈，把老师的杯子摔掉吧！"我当然"兵来将挡，水来土掩"，停下脚步，再次蹲下来，认真地盯着他的眼睛，说："如果你把我的杯子摔掉，我就摔你妈妈的包。"他才不爱惜自己的书包，自己都一直乱丢乱扔。但是他很爱妈妈，一定会爱妈妈的包。

也许明天他还会有新花样——这几乎是肯定的,用成年人的姿态与言行去说服、教育,已经完全没有效果。不妨偶尔像孩子一样无赖一下,倒是跟他旗鼓相当,说不定可以略微见效几天。

感悟

愿意像孩子一样

我愿意像孩子一样,天真地看人、看世界,顽皮地跟孩子们开玩笑,偶尔耍耍无伤大雅的小无赖。

我愿意像孩子一样,与童年相恋,与纯真为伍,与美好相伴。

被老师看见

一、乐乐："我还没有办法说没关系"

周二下午第三节课，我上5班的体育活动课。孩子们喜爱在大草坪上自由奔跑，那是他们最期待的事。

我全程警惕着眼观六路耳听八方，一边要应对不断给我讲笑话的小朋友们，一边看着远处近处各种状态的小家伙们。然而，最担心的事还是会发生！

一个孩子跑过来："乐乐（化名）哭啦！"乐乐同学非常萌。他的声带有问题，发音非常模糊。他说的话，常常要我们连猜带蒙。他的人生理想是当一个"道德与法治课老师"——他只知道我教他们道德与法治课，忘了我也是他们的英语老师。因为九月初来了一个实习生，她跟我在6班听课、在5班上英语课。所以5班的小朋友们只记得新的英语老师，只记得我是他们的"道德与法治课老师"。

我每周去一次5班进行餐后陪护，乐乐总是喜欢围着我转。他会不断离开自己的座位，走到我身边，用最低的声音跟我说话。他会在午看班结束后，追着我到6班的走廊里，问我："沈老师，你今天中午是不是很开心？"我总是认真回答："是的，我很开心。谢谢你给我画了画，还陪我说了话。"

我抱起哭得满脸是泪的乐乐同学，还没有开口询问，惹事的明明同学（化名）就冲过来，大声喊："对不起！我不应该推倒你！我不是故意的！"

乐乐继续哭，描述自己被推时候的惨状。我不停点头："是是是！你被推倒了！你心里很不高兴！我能理解！"

他的哭声渐渐减弱，我才敢加一句："你想想，明明是故意欺负你，还是不小心推倒你？你能分辨吗？"

他犹豫了一下，答："他应该不是故意欺负我。"

我表扬他："真聪明！能够区别是不是故意的。他不是故意欺负你，只是他个子大，力气大，一不小心就把你推倒了。他都已经道歉了，你能原谅他吗？"

这个口齿不清的孩子毫不犹豫地说："老师，我感觉现在我还没有办法说没关系。"

一个小小的孩子，多么尊重自己的感受！"我感觉现在我还没有办法说没关系。"我同意他。孩子都是哲学家。怎么可能一句"对不起"之后就一定要回复"没关系"？我尊重他的感受："好的。你不用现在就原谅他的。等你不难过了再说。不过呢，毕竟你是个男子汉，你可以不那么脆弱的，所以你可以不哭了。你可以留在我身边玩，我会保护你；你也可以去和小朋友们玩。"他在我身边磨叽了一会，就又欢乐地扑向大草坪了。

二、强："我再也不要和他做朋友了！"

放学时间到了，回到我自己的6班。体育老师正带孩子们从操场回来，强同学（那个爱哭鬼）又臭着一张脸。体育老师说他不高兴了一节课，他自己又不说什么原因，就赌气不参与体育课上的活动。我还没来得及问，他自己跑过来，对我说："老师，是飞同学！"然后开始痛哭，他的语言表达能力其实并不强。反而是飞同学跑过来，我还没来得及问，他第一句话就是："老师，今天我们俩都有错。"强大喊："是你！"

我得准时带大部队放学，副班主任赵老师又不在学校。只好对他们俩说："你们俩先开个会，我先去放学。"并叮嘱实习生在教室陪护他们，但不要干预他们自行开会。

两个没接到孩子的妈妈有些焦虑地跟我进学校接孩子，我安慰她们："没事，小孩子有些小矛盾，正在自己解决。"

回到教室，飞同学还非常诚恳地跟哭着的强同学分析"你的错"和"我的错"。强同学看见妈妈，更加大声号哭："妈妈!"我赶紧请两位妈妈在走廊里的休闲凳子上等待，不要介入小孩子们的是非。

其实没什么大事。排队的时候，飞同学老是转头来跟强同学说话，强同学看飞同学跟前面的同学落了一大截，忍不住去催他走快点，甚至想走到他前面去。飞同学看到应该排在他后面的强同学试图挤到他前面去，不让，并且拉他，于是强就觉得自己被冒犯了。理由是："他推我!"

飞同学的语言表达能力很好，很快说清楚事实，还说清楚双方的问题，并且主动地、一再地道歉："对不起! 我不应该推你!"

我问强："你们不是好朋友吗? 飞已经道歉了，你能原谅他吗?"

只会哭闹的强同学终于找到中心句，大声来一句："我再也不要和他做朋友了!"

我搂一下飞同学："强同学现在还没缓过来，不想和你做朋友。没关系的。过几天也许就好了。不过，在他不想和你做好朋友的时候，你就别找他说话、别找他玩，省得打扰他。你就去找别人玩哦! 你现在回家去吧。我觉得你是个真正的小男子汉，能够看到自己的问题，能够主动道歉。"飞同学愉快地跟我告别，我对着他妈妈竖起大拇指："孩子培养得很好! 很大气!"飞同学的妈妈笑着跟我道别。

然后我对强同学说："他推你是不应该的，虽然他已经道歉了，但老师还是同意你暂时不跟他做朋友的。"强同学的哭声顿时止住了。

孩子们要的不是正误、不是输赢，他们要的是自己被老师看见。当老师对他们的情绪及时共情，认可他们的情绪，当他们有了"被老师看见"的感觉的前提下，引导才会比较顺利。

"下次他排队行走的时候，如果他跟前面的小朋友落下一大截，你可以提醒他走快点儿。挤到他前面去可不合适哦！"他腼腆地笑起来。

强同学的妈妈抱着9个月的二宝在走廊里倾听。我送强同学出教室的时候，她愁眉苦脸地说："老师，这孩子每个月都要好几次给您添麻烦，实在对不起啊！"我笑着做个鬼脸："岂止一个月几次啊！你儿子天天给我看脸色。不过现在已经好多了，不像一开学的时候每次哭几节课了，现在只是经常会不高兴。"

强同学的妈妈尴尬地笑，但我的鬼脸又让她轻松。

我摸摸强同学的胸口："你呀！心里住着一只小老虎，经常要发脾气。你可要学习管理好你的小老虎，它生气的时候你揉揉它，别老让小老虎跑出来发脾气。"他忍不住也笑了。

感悟

看见孩子们的情绪

在放学的时候，两个孩子的矛盾纠纷，如果忽略不计，第二天他们也很容易忘了。但是这样的忽略不计如果次数多了，孩子会觉得自己是不被老师看到的，那么，对教师的信任很难建立。良好的师生关系是教育的前提，关注孩子的情绪是建立良好师生关系的前提。我尤其不愿意孩子带着委屈或者愤怒回家，希望他们每一天放学的时候是快乐的，或者至少平和的。

两个教育现场的小案例里，都涉及"对不起"和"没关系"。很多孩子有意无意对别人造成伤害的时候，能够说"对不起"，但我观察下来，这声"对不起"很多时候是一种有口无心的口号而已。长此以往，有些霸道的，或者鲁莽的孩子的"对不起"越来越漫不经心。

"你现在可以不原谅对方。"是我一直会跟被伤害的孩子说的。他们没有理由在被伤害过后，立刻、马上、必须要原谅对方。如果他立即原谅对方，我会赞美他的大气。如果他当时不能原谅，我接纳他当时无法原谅对方的情绪。

在小学低年级，即便声称"现在不能原谅对方"的孩子，他们不到半天或者一天就会跟那个"对方"一起玩得不亦乐乎。到了中高年级，如果发生比较严重的事情，我会以"因为你伤害了某人，他还没有原谅你"而对肇事者实施一些小惩罚——比如取消他的餐后散步机会等，直到对方宣布原谅他。让这个肇事者承担一些犯错的后果，期待他不被轻易原谅的经历能够让他印象深刻，从而能够不犯或者少犯一些相同的错误。

毕竟，真实世界就是那样的：不是每一句"对不起"，都能换来一声"没关系"。

日复一日，我在

——写在孩子们入队那一天

　　6：00，闹钟准时叫醒我。洗漱过后，习惯性地泡一杯奶茶，端到阳台上。看一眼花花草草，无限愉悦。把杯子放在阳台桌上，找来花肥兑好水，开始给一盆盆花草浇水。白的紫的牵牛花正爆盆，黄的粉的小雏菊正热烈。半边莲纯净，栀子花芬芳，木槿雅致，茉莉优雅，风铃草热闹，薄荷寂静……喝一口奶茶，给一盆花浇水，如此反复交错。这一刻，被滋养的不仅仅是最靠近心的肠胃，也是日复一日的寻常清晨。

　　6：45，下楼。记得戴好口罩，记得抽取一张餐巾纸——按电梯用。这大概是疫情之下的新常态生活的标配了。昨晚放在门口的生活垃圾又不见了，大概又被好心的保洁阿姨给带下楼去扔了吧？真让我惭愧又感动。我总是被很多人善待。

　　新学校很近，不过5分钟的车程。这一周，每次转入莲塘路——多好听的名字，就能看见马路东侧一排高大的夹竹桃。大多数是白色的，夹杂着几棵粉色的，热烈开放。学校的校门就在莲塘路上，每次上下班见到这一排夹竹桃，时常心动，也总是许愿：要找个不需要看班的中午，出一次校门，在夹竹桃下慢慢散步一次。我觉得这是自己对夹竹桃隐秘的、却必须要兑现的约会承诺，然而却一直不曾兑现。

　　夹竹桃花开的时节，常常格外怀念三十年前的母校。那间学校，那个城市，让我印象最深的，就是大街小巷的夹竹桃。然而，我怀念的，岂止是夹竹桃？是青春吧，遥远的、并不想再回去的、却让人怀恋的岁月……

学校今天的早餐格外丰富。有红枣糕、豆腐花、南瓜粥、煮鸡蛋……我的肠胃再一次被滋养，心情的愉悦程度也是呈指数级别的增加。我真是个容易满足的人啊！

到办公室，保洁阿姨正在拖地板，地板铮亮。跟阿姨问好，阿姨表扬我："老师，你总是来得最早。"我笑："我喜欢早点来。"

7:15，抱着我的两个文件袋和铅笔袋到教室。一个文件袋是教学用的，放的是教材、听课本之类。一个文件袋是班级管理用的，放的是《班主任手册》、学生名单之类。铅笔袋里不仅有我用的红笔、水笔、便利贴、长尾夹，还装满了铅笔、橡皮，便于请学生订正作业的时候用。这些资料一直随身带着，便于提高我的工作效率。

到了教室，先打开门窗，再打开音乐，悠扬的轻音乐满室汩汩流动。这一周是《清晨》，不断地单曲循环。简单的重复里有丰富的表达，儿童需要这样的重复，他们的心可以在熟悉的音乐里安宁下来。窗外，是学校的图书馆。博尔赫斯曾说过："如果有天堂，应该是图书馆的模样。"那么，我的教室岂不是离天堂最近的教室？图书馆的楼上有空中花园，小雏菊开得正好，书香花香一并袭来。每天这样明净的气息，让人沉醉。

手持花露水，在教室的每个角落喷洒。其实，教室的角落里都有我安放的打开瓶盖的风油精——避蚊用。教室在底楼，学校里花木扶疏，蚊子总是会出没。我的武器是：各个角落放好打开瓶盖的风油精＋每天早上喷洒花露水和芦荟胶（给被蚊虫叮咬过的孩子用）。其实，我本人是对蚊虫超级免疫的人，几乎感觉不到会被蚊子叮咬。但那些宝宝们总是被蚊虫热爱，他们娇嫩的皮肤和校外父母们的焦虑心疼，我都懂。

7:45开始，陆续有孩子进教室——虽然通知孩子们8:00到校。一声声清脆的"老师好"之中，一个个小脑袋晃进来。我常常要笑，有的孩子根本没注意确认我是否在教室里，我是在教室的哪个角落里，他们只是下意识地对着空气喊一声"老师好"。也许，他们内心有满满的安全感——沈老师一定在教室里等着我？

孩子们看着黑板上的课程表开始收拾书包。课程表是我的小副班每天放学后写的。孩子们早上就按着课程表把当天的书从书包里取出来，放进桌肚。然后利落地把书包拉链拉上，挂在椅子背上。——这样，他们一整天都不用去书包里找东西了！不然，有些小迷糊找一本要用的书可以找半天，到时候着急的可不只他/她本人，还有上课的教师和看热闹的其他孩子。

今天有入队仪式。我们实行全员入队。学校要求每个家长提前给孩子买好红领巾，提前把红领巾交给班主任。班主任收集后交给七年级对应的班级，到时候有七年级的哥哥姐姐给孩子们佩戴红领巾。

通过"晓黑板"，我提前给家长发过一个建议："我个人觉得每个孩子把红领巾交给老师，这个体验感，对于孩子们而言不是特别好。感谢班级的热心志愿者家长夏同学妈妈的热心，会组织各位家长团购红领巾，然后由夏妈妈直接把红领巾递交给我——不用通过孩子个人。"今天早上，保安师傅把一包红领巾送到我办公室。真的令我感动——为夏妈妈的热心。

然而有4个孩子没有按通知穿好校服。虽然知道难免，但这样的情形还是令我觉得遗憾。这4个孩子看见同学们都穿着校服，开始急了，有两个孩子的眼泪都出来了。我一边安慰，一边帮他们逐一拨通家长手机，由孩子们自行跟爸爸妈妈交涉。孩子们都住得近，4个孩子的校服都陆续送到，由保安一一送到班级。

看到手机里有家长向我致歉的信息。我回复："您真的不用向我致歉。如果一定要致歉，应该是向孩子致歉。爸爸妈妈要尊重孩子在同学们面前的感受。孩子的感受长期不被尊重，他要么越来越胆小，或者越来越用无所谓掩饰自己的失落，失去进取心。"一个孩子妈妈回复我："我们会自我检讨的。"

8：00—8：15，各科老师轮流的早看班时间。今天轮到我在6班早看班。其实孩子们陆陆续续到8：10才到齐。到教室的孩子们都是听着音乐安静地看书或者写字。我会查看他们的书包拉链是否拉好，不时提醒个别孩子。等孩子们到齐后，我赶紧在"企业微信"上的"学生每日出勤汇报"工作群里汇报：一（6）班晨检正常。

8：15—8：25，晨会课。带孩子们认识国旗、党旗、团旗、队旗，告诉他们：共产党就像爸爸，工作太忙了，所以委托共青团这个"哥哥"，来领导、照顾少先队这个"弟弟"。孩子们一下就听懂了。

8：25—8：30，课间休息。这个时间仅供孩子们喝水、上厕所、做好课前准备。波同学（化名）在走廊里淘气，被体育老师撞见。体育老师批评他："你如果表现不好，我就告诉沈老师不给你戴红领巾。"波同学得意地回复："才不会。我妈妈已经让夏同学的妈妈给我买好红领巾了。"体育老师转述给我听。那一瞬间，真是难过！为自己的用心不被懂得。我在脑子里快速写下一段文字，准备有空就去放在今天的"家长通知"里——我的"家长通知"是一个word文档，每天早上打开。学校各条线需要通知到家长的信息，或者任课教师需要班主任转达的通知，或者我自己觉得需要向家长表达的，都随时记录，然后在孩子们放学后整理好，集中发送一次——这样就免于多次通知家长，造成对家长不必要的打扰。

8：30—9：10，上午第一节课。今天按德育处要求调成了班会课。班会课上，带着孩子们继续学习少先队知识，继续复习如何呼号、如何宣誓，继续练习如何正确标准地敬队礼，继续巩固《少先队队歌》。因为连续几天给家长的通知里都有"练唱队歌"这一条，所以很多孩子都唱得滚瓜烂熟。他们摇头晃脑、表情丰富、自信满满。但是还有几个孩子的口型完全不对，在那里滥竽充数、表情慌乱。看着这几个孩子，真是有很多怜惜。是他们格外不聪明、学不会队歌吗？不是的，是家里的支持不够。学校里晨会课、音乐课都在学，但是还需要回家再持续巩固。这些孩子的爸爸妈妈，在很多事情上，永远慢一拍，或者少一步。你要批评他们不够爱孩子，他们肯定不同意这样的批评。但是，养育孩子跟喂养宠物之间的差别，真的是很大的，可惜有些家长就是不理解。这些孩子在校期间，我可以给予更多关注与支持，但他们总是要离开校园的，我只能祝福他们有足够的智慧去追求终生的自我成长。不然，他们很难突破原生家庭给他们的藩篱。看着那几个孩子慌乱躲闪的眼神，我又在脑子里构思要发给家长的提醒。

9：10，大课间活动时间。我带着孩子们去操场，参加今天的入队仪式。对于孩子们而言，这是一个重要的仪式。学校精心组织，周密策划。当七年级的哥哥姐姐给孩子们戴上红领巾后，他们的小脸上都写满了兴奋。托他们的福，作为新建中队的辅导员，我也被授予红领巾。穿着白裙子、系着红领巾，在队旗下接受校长的辅导员证书，那一刻，时光又有些恍惚起来。自己入队时的那条红领巾没印象了，但我记得生命中另外两条红领巾。一条是小学毕业后的那条红领巾，我默默地洗干净、压平、叠好，夹在自己的日记本里，并且写了一篇小散文《再见了，我的童年》，字里行间都是对母校、对童年的依依不舍。另外一条是第一年工作的时候，作为新上岗辅导员被授予的红领巾。当时我带四年级，我的那群"老队员"见证了我这个"新辅导员"被授予红领巾的场景。那条红领巾，蕴藏着我对"教育"这个职业无限的向往与想象。几次搬家，但这条红领巾也一直在18岁那年的日记本里，至今保存。被保存下来的，还有自己做教师的初心。

大课间结束，带孩子们回教室。平时路上我会带他们喊口号，常常是这样：

"队伍排直""一二一"

"两两对齐""一二一"

"双臂摆高""一二一"

"眼睛看前""一二一"

"精神饱满""一二一"

我负责念前面 4 个字，他们光喊"一二一"，每次喊之前都是满脸期待，大概在揣摩我接下来出口的是哪四个字。但是今天大家是光荣的少先队员啦！我带着他们唱起了队歌一路回教室，孩子们满脸都是无以言表的欢乐。如果他们知道接下来戴红领巾将成为另外一项需要我不断提醒他们遵守的规则，会是什么感受？

9：35，第二节课。今天因为入队仪式，回到教室都已经 9：40 了。我在 5 班有课。今天开始上第三单元。5 月 13 日开学至今，基本每周完成一单元的节奏。大多数孩子们在假期里都上过网课，但是每个单元我还是安排一节完整的对话教学课，不敢忽略。因为事实上每个班级都有完全不好好上网课的孩子。我能怪一个刚满 7 岁的孩子吗？不是他的错。我能强求一个 7 岁孩子的父母吗？他们是成年人，成年人是很难被改变的，除非他们有强烈的自我改变的愿望。

这学期孩子们开始学写字母。关于字母的书写，假期里我再三建议家长不要辅导，开学后有教师来统一指导后再开始书写。我怕有些家长按自己的印象去辅导孩子写字母——现在这套教材的书写要求，跟他们小时候的要求有很多不同。

对话教学后，开始辅导孩子们写字母。5 班的孩子很伶俐，我指导得又具体，而且不停地在教室里巡视，他们交作业的时候，我知道基本没有孩子需要在我批改后订正。这是对师生彼此的成全，节约大家的时间，重要的是不打击孩子的积极性。如果课堂上指导不到位，批改的时候要求一部分孩子在众目睽睽下反复地重写，他们会对这门学科抱有多大的乐趣与信心？

10：20，第二节下课。习惯性地直接到我的 6 班教室门口，提醒孩子们去喝水、去上厕所，然后在走廊里不停地提醒："慢慢走！不要跑！"与此同时，不断有孩子扑过来："老师，我的红领巾解开了。"不停地给他们系红领巾。理解他们今天的兴奋，大概课上课下一直在折腾自己的红领巾。"建议家长多辅导孩子系红领巾"，把这句话默念了两遍，提醒自己及时记录到给家长的通知文档里。

10：28，第三节课预备铃响。我习惯性地提醒一句："现在要上课了，请小朋友们调整好自己的课桌。"真是奇怪，一节课下来，一个课间下来，很多孩子的课桌都会发生各种神奇的"漂移"。如果下一节不是我的课，我一定不厌其烦在每节课的预备铃后提醒他们把课桌调整好，才离开教室。

10：30，第三节课正式开始。我终于回到办公室——从早上 7：15 到现在，3 小时又 15 分钟，一直站着，没回过办公室，没喝过一口水。优雅的高跟鞋早就不穿了，早就认清"小学教师本质上来讲就是个体力活"的真相，哪里敢穿高跟鞋。忙着开电脑，泡茶。茶泡好了，终于坐下来。先浏览学校的企业微信，看看各条线有什么工作通知。然后把今天早上想到的 3 点记录到"家长通知"里，以免忘却。

今天有苏州市小学英语优质课评比活动，需要观看网络直播。赶紧找到网址、密码，登录，插好耳机，开始听课。一边听课，一边调出自己前几天整理好的第四单元的小练习，再次检查题目是否有误，排版是否有误，确认完毕，就在企业微信的工作台的"审批"里递交"文印申请"，递交小练习的 word 文档，抄送教导和文印室。同时，把听力文件调出来，在企业微信的"英语组"工作群中发给备课组另外两个同事——也是我的两个小徒弟。提醒她们今天别忘了收看优质课评比的网络直播，提醒她们每人拍一张观看直播的照片发给我存档用（这个要求不是我规定的）。我自己也赶紧拜托办公室同事帮我拍照，然后立刻存档。

刚告一段落，一看时间，11：08。赶紧喝了口茶——终于喝到了一口茶，站起来，到教室门口，等待孩子第三节课下课。只要我自己没有课，我在每一节课的下课前都会提前到教室门口等待孩子们下课。

11∶10，第三节课下课。疫情期间，学校餐厅执行严格的用餐距离，所以1班、2班、3班的孩子先去用餐，4班、5班、6班的孩子错开30分钟去用餐。这个时间，前面20分钟安排了各科教师轮流护导，后面10分钟是班主任检测体温。我提醒孩子们："这个下课没有休息时间，可以去喝水和上厕所。"等孩子们喝水、上厕所完毕，护导老师也到位，我再离开。

11∶15，回到办公室。企业微信上"园区小学英语教导教研组长"群里有工作通知，关于学时记录的通知。下载学时记录表，下载学时记录的备注，弄明白了如何记录学时。再喝一口茶，看一下时间，马上11∶28。站起来，再往教室，等待孩子们下课。

11∶30，孩子们下课。提醒孩子们喝水、上厕所、洗手、带好自己的湿巾纸。我关好电脑屏幕，关好电灯，组织孩子们排队。然后和副班主任分组给孩子们测体温，中间时不时给孩子们系好红领巾。

11∶40，到达餐厅。不断提醒孩子们：要走到自己的座位前，不能冲过去，餐厅不是奔跑的地方。总算还好，孩子们都井然有序到自己的餐位，开始吃饭。我跟我的副班约好，他也先开始吃饭——孩子们的用餐时间，我负责前半场，他负责后半场。

我先走到波同学身边，这次不是因为他淘气，而是因为他有忌口。我每天需要帮他确认各种菜和汤他是否可以吃，他每天不问过我也不敢开始吃。

解决了波同学的问题，我再巡视一圈。今天的荤菜是大鸡腿。逐排提醒孩子们："不要用手去抓鸡腿，不卫生的。实在要抓，一定要用餐巾纸裹着鸡腿。"大多数孩子都能接受建议，不会去抓鸡腿，但是那个静默又偏执的枫同学每次必须用手抓。我只能找一个折中的办法，允许他用餐巾纸裹着鸡腿抓来吃。其实，可不可以用手抓鸡腿吃，关键不在"是否听从老师的指令"，而是"是否符合卫生进食的标准"。达到了"卫生进食"的标准就好，他能接受用餐巾纸裹着鸡腿就好。

看着枫同学用餐巾纸好好地裹着鸡腿啃，我终于放心。到教师取餐的窗口，找了一个托盘，装了满满一大盆米饭，回到孩子们的餐位旁边。一些小胖手已经陆续举起，不用问就知道，他们需要添饭。孩子们很懂事，安静地举手示意。我走过去，给他们一一添饭。一圈添饭完毕，我的小副班已经匆匆忙忙吃完饭——我怀疑他是过意不去，每次都吃得特别匆忙。这又要令我过意不去。

小副班给我打招呼："沈老师，我来给他们添饭。你去吃饭吧。"用餐的下半场其实更辛苦。但我实在不能兼顾，只能麻烦小副班了。

我去取餐盒，回到孩子们座位旁边，开始吃饭。听到小副班继续给需要的孩子们添饭，听到他提醒孩子们有序地自己去倒掉餐盒里的剩饭剩菜，听到他提醒孩子们分组去送回餐盒盖子、汤碗和勺子，听到他提醒孩子们整理自己的餐桌……听得我坐不住，也是匆匆忙忙吃完饭。

然后，我负责带女生队，小副班负责带男生队，让孩子们排队。同时，我检查孩子们的餐桌，是否有用过的餐巾纸没带走，椅子是否推回餐桌下面。然后，带着孩子们排着队有序地绕过收纳餐巾纸的垃圾桶。每个孩子经过的时候，把手里用过的餐巾纸丢入垃圾桶——孩子们在开始学习垃圾分类，并开始一点点付诸行动了。

小副班手里拎着重重的 43 根香蕉，带回教室。疫情以后，因为孩子们分批用餐，为了节约用餐时间，餐后的水果都不再在食堂吃，让班主任统一带回教室。

12：00—12：05，我把孩子们带回教室，让他们再次喝水、上厕所后，集体午睡。我把音乐调到最低，关好靠走廊的门窗，关灯，努力营造一个静谧的环境。

上个学期，每天午餐后我都带他们去操场自由活动。我们的操场上铺着厚厚软软的天然草坪，那是孩子们最喜欢待的地方，可以无拘无束奔跑、打滚，甚至爬行、仰躺。5 月 13 日开学以来，第一周，我要照例带他们餐后去操场玩。但是，第二周开始，陆续接到各科老师们投诉：6 班的孩子们上课注意力不集中的现象太普遍。我也不得不承认我同时教的 5 班的孩子上课的注意力要比 6 班好，成绩也比 6 班孩子好。这令我沮丧，也一直令我自责。我不知道哪里出了问题。虽然同事们也安慰我："6 班的各方面行为礼仪都是很好的，只是不聪明的孩子比较多。"我注意到，5 班的孩子从上学期开始，每天餐后都直接回教室写作业的。是不是我太惯着 6 班的孩子了？他们比 5 班的孩子多了太多的自由活动的时间了。是他们玩心太重吗？

当孩子们出现普遍的问题的时候，我仍然第一时间审视自己：我出了什么问题吗？我是不是可以做出一些调整？我想试试各种能够让孩子们注意力更集中的方法。所以选择了集体午睡。

单曲循环的音乐很有助眠功效。不一会儿，教室里居然传来此起彼伏的鼾声。有几个小朋友，睡得像小猪一样可爱。当然有几个淘气鬼睡不着。睡不着就睡不着吧，能够静下来趴一会也好。有几个孩子不停地调整睡姿：往左边趴，往右边趴，或者干脆仰躺在椅子上……我又开始纠结：要不要通知家长让孩子们带一个迷你小枕头过来？类似婴儿枕那种？可以放得进他们的储物柜的那种？这样操作起来会有怎样的难度？……太多不确定，让我暂时不能把这一条作为通知记录下来。

12：30，午看班时间。今天轮到科学老师。有的孩子醒过来了，他们想叫醒仍在熟睡的小朋友。我给他们比画手势：嘘！让他们继续睡。这是好事，老师表扬他们。你们现在可以安静地做自己的事情。

今天周四，我没轮到午看班。一周我要轮到两次。终于可以再次回办公室。喝口水，查看今天下午的课表。下午第一节是我在 6 班的道德与法治课，第三节课（最后一节课）是班队课。因为今天有入队仪式，按要求把上午第一节的语文课跟下午最后一节的班队课对调了。这样的话，我的小副班不得不在最后一节课去上语文课。那个时间点，孩子们哪里能够安静学习呢？我得把下午第一节的道德与法治课再跟语文课调一下。于是跟小副班确定好调课事宜。

再喝口茶。茶都凉了。再次打开市级评优课的网络直播，需要在线学习。然而过不了几分钟，我又再次起身，去教室。

12：50，孩子们下课。提前到教室门口，再次提醒他们喝水、上厕所，同时不断给孩子们系红领巾、涂芦荟胶。直到下午1：00，第一节课开始，我才再次撤退。

终于有了连续两节的空课。我认真看网络直播课，需要写评课笔记的。中间的课间10分钟，加上第二节课课前的眼保健操，其实是15分钟，当然是在教室里，和孩子们在一起。和孩子们在一起的时候，还接受了一起报案事件：有小朋友说周同学带了好多防蚊手表到教室，分给了好几个小朋友，有两个小朋友为了这防蚊手表吵架了，都争着说是周同学送给自己的。我倒是看到这两天好几个小朋友手腕上都戴着同款防蚊手表，我以为是这款手表在小朋友们之间很流行，也没在意。他们的这一起纷争，又要令我思考如何措辞，等到第三节课的时候跟他们去聊。

下午2：35，孩子们的第二节课结束。我提前到教室，陪他们度过又一个课间。2：43，预备铃响起。2：45，我们开始上道德与法治课。

除了教材上的内容，我重点带孩子们讨论：小朋友之间送礼物和接受礼物的规则。

我跟孩子们一条一条梳理，帮助他们理解：

礼物是很珍贵的。不一定值钱，但一定非常难得。是在比较特别的场合送的，比如生日聚会，或者去拜访一个亲友。

小朋友们的学习用品应该有爸爸妈妈们准备。学习用品不应该成为在教室里随意送给别人的礼物。

小朋友的东西都是爸爸妈妈买的。没有经过爸爸妈妈的同意，是不可以随便送出任何东西的。

小朋友接受别人的东西，也都是需要经过爸爸妈妈同意的。教室里爸爸妈妈不在身边，他们还没同意的时候，不可以接受别人送的东西。

小朋友都应该靠自己好好学习和帮助别人等优秀品质，去赢得别人的喜欢，成为更多人的朋友，而不是靠送别人东西去取得别人的喜欢。

每一条都举例说明，孩子们基本都听懂了。

还有半节课，我带孩子们到图书馆门口的小院子里，按着学号，轮流给他们每人拍一张特写。这个院子离教室最近，又不会影响到别的班级上课，而且有葱郁的草坪作为背景。这是他们人生中第一次戴上红领巾，值得纪念。

这节课本该 3：25 下课，但是现在需要孩子们 3：25 到校门口。所以3：15的时候，我们就组织放学。放学的时候，每一个孩子都需要整理好书包，清理自己桌面和地面的纸屑（桌肚里可以留下大包的餐巾纸，周五我会提醒他们收进书包带回家，因为下周一会平移座位），把桌子排好。然后举手示意，等我和副班赵老师逐一检查，才可以到走廊里排队。经过一学期的训练，大多数孩子都动作麻利。等所有的孩子都离开教室去排队的时候，我们班的教室里，课桌椅整整齐齐，地面除了橡皮屑，没有任何纸屑。我会检查一下衣柜，有的孩子早上在 T 恤外面穿了衬衣或者外套来，他们会把衣服叠放在衣柜里。有的孩子会记得带回家，但是有的孩子从来不记得，每次都是我抱着好几件衣服到走廊里开始"失物招领"。赵老师已经给每一个孩子发了今天午餐的水果——香蕉。我再次叮嘱孩子们："水果一定要到家再吃，在马路上吃不卫生。"

3:25，轮到我们班在校门口放学。上学期我都会跟孩子们鞠躬道别，但是现在不行。孩子们按学号排队，家长也按学号排队，依次接头，依次撤离。我在边上不断报学号，同时完成交接。一般情况下，家长们都能准时来把孩子接回家。

3:30，回到教室，取我的文件袋和铅笔袋。保洁阿姨已经在教室打扫和消毒。真的很感恩！上学期的教室，每天都是我和小赵老师两个人打扫。疫情之下，教室都是保洁公司完成打扫和消毒。赵老师个子比我高太多，他还负责用毛巾擦黑板。我就整理讲台和教师的教室办公桌以及书柜。保洁阿姨表扬我："老师，你们 6 班的教室一直最干净，桌子也最整齐。"这是动人的表扬，我喜滋滋收下。

回到办公室，赶紧编辑我今天的"家长通知"：

各位爸妈：

　　大家好！烦请关注以下通知：

　　1. 孩子们今天入队，烦请辅导一下孩子系红领巾，并提醒孩子每天都要戴好红领巾上学。

　　2. 今天发现有家长给孩子们的小练习上乱签字——孩子只读过一次，家长给签三次"已读"。这样的行为真的不合适，对孩子的成长没有益处。

　　3. 今天很意外知道：有些家长对孩子说"红领巾让夏同学的妈妈买好了"。这样的话完全破坏了孩子入队的神圣感。爸爸妈妈们需要知道，有些话是可以不用跟孩子讲的。孩子对规则的敬畏心、对美好事物的期待心，千万不要因为您的随口一句话而破坏。这些敬畏、期待被破坏的后果，将来只能由父母承担，它是很苦涩的。父母在孩子面前的话语，建议一定要谨慎。当然教师在孩子们面前的话语，也需要谨慎。我们一起注意并努力哦！

　　4. 今天发现有些孩子仍然不会唱队歌——尽管我建议过很多次在

家里多练习。孩子的成长过程需要教师的教导，也始终需要爸爸妈妈的支持。如果因为家长的疏忽，孩子在学习或者各项活动中经常准备不充分，他们会非常脆弱的。爸爸妈妈对孩子的爱是需要用更多的语言与行动支持的。

5. 今天入队仪式，有 4 个孩子早上没有穿校服过来。我单独电话联系，这 4 个孩子的家长都对我致歉，并把校服送过来了。但是其实家长不需要向我致歉，而是需要向孩子致歉。孩子看到别人都穿校服自己没穿的那一刹那，心情是非常糟糕的。爸妈要重视孩子的体验哦！

6. 今天发现有孩子带东西随便送同学。课上我已经教育，请让孩子复述给爸妈听，并发录音给我（大概意思即可）：

"每一个小朋友都不可以未经爸爸妈妈允许，就把自己的东西送给别人。每一个小朋友也不可以未经爸爸妈妈允许，就接受别人的东西。每个人都应该靠自己好好学习和帮助别人等优秀品质，去赢得别人的喜欢，成为更多人的朋友，而不是靠送别人东西去取得别人的喜欢。只有在特定的情景下（比如生日聚会），才适合送礼物和收礼物。"

7. 下面这段话是给家长的补充，孩子们不用复述给我：教室里不允许孩子之间互相送东西，是避免孩子之间极有可能发生的霸凌（强势孩子）和谄媚讨好（胆小孩子）。请家长加强教育：不是自己的东西不可以带回家。请家长经常查看孩子的书包，是否经常出现不是您给孩子购买的学习用品。

8. 英语作业：继续复习 Unit1 - 2，继续朗读 Unit2 小练习，并签好"已读 5/28"。

沈老师

5 月 28 日

4：00，年级组开会。家长的私聊信息好几个涌过来——我不加家长为微信好友，"晓黑板"有很好的私聊功能：

"有个小朋友送他防蚊手表，那天我发现了，让孩子和那个小朋友妈妈说了，孩子妈妈说她知道，当时觉得很不好意思！又不知道怎么退给她！

我又让浩浩带他自己的玩具送给那位送他防蚊手表的小朋友表示谢谢！昨天浩浩回来说，他送给小朋友了，他说担心那个小朋友不喜欢（我估计是他不舍得送了），在那位小朋友不知道的情况下他又偷偷地从那位小朋友书桌里拿走了他送出去的玩具！我听到他是在人家不知道的情况下又拿回来了，这样做不对，今天又让他带着玩具去给人家道歉，不应该这样做。"

我回复："现在他的玩具在我这里。明天让他带回家。现在您知道，孩子之间随便送东西是多么需要阻止的事情了吧？都不用上学了，净操心这些事情了。"

她回答："第一次知道孩子是这样的情况，昨天晚上我还有些难过，有些不理解！本来今天想给您反馈这件事情，和孩子沟通了之后，他说自己错了。以后不会了，自己可以勇敢地找小朋友道歉，我就没有给您说这件事情。谢谢沈老师，这件事情我会注意，以后不会发生类似情况！特别感谢孩子成长道路上有您的引导和建议！您的教育方法，我是从内心特别敬佩的。一直庆幸浩浩特别幸运遇到你们这么好的老师！"

另外一个家长也是一大段话："你好沈老师。你刚发的小朋友之间送东西，确实发生在希希身上了，前天她带回来三样东西，一样是橡皮泥，一样是小瓶的免洗洗手液，还有一样是没戴过的口罩。我当时很生气也要求她退还给同学，不能随便接受同学的东西，她就和我说是同学送给她的不愿意退还，所以我也没多想呀，然后那天我就对她说以后不能随便接受同学的东西，你需要什么我也会给你买。昨天晚上是我让她选了三个小礼品送给那三个同学以表感谢的，实在是抱歉。"

我答复："下次您遇到这个现象，记得及时跟我沟通哦！谢谢您这次告诉我。"

4：45，年级组会议结束，下班时间要到了。回到办公室，我把孩子们今天第一次戴上红领巾的照片发给家长。并附言：我是按着学号给每个孩子都拍特写的，如果您没找到自己孩子的照片，一定是我失误，漏了发送。请直接联系我。

没想到真有孩子家长说没看到自己孩子的照片。我查了查，应该是学号1号到7号的孩子的照片，我明明第一批发送，却不知道什么缘故，在群组里无法显示。于是再次逐一发送。

5：00，终于忙完。下班。到家第一件事，换上家居服，就去查看我的花花草草。早上的时候家里第二盆栀子花只开了一个花苞，没想到下班的时候又奉献出第二个花苞。是慰藉辛劳一天的花农吗？我拿起剪子，把开谢了的花从茎处剪断，把黄叶剪掉，然后，兑好药水，给几盆长了蚜虫的花打药水。

侍弄好花草。开始进厨房做厨娘，晚饭后各种洗洗刷刷——洗碗洗衣服。等一切家务都完成后，泡一壶茶，看书、写字。中间夹杂着吃水果、浏览微博，各种欢喜感叹。栀子花的芬芳从阳台随风送入室内，即便阳台上无人，我也一定要开着阳台上的灯。我喜欢自己一转眼就能看见那些花那些草，不辜负它们的努力绽放。

有一次一个朋友问我："你朋友圈晒的那些花，是买回家的时候已经开好的吗？"我笑："不是啊！我买花的时候，喜欢买还没开花的那一种。这样买回家，每天浇水、施肥，等待花开，才有种花的乐趣。如果直接买已经开花的那种，就失去了等待的乐趣，种花的意义就完全不存在了。"

感悟

做教师，有时候也需要花农精神吧？如果送到你手上的，全是已经绽放得美丽灿烂的生命，不需要你的培植、陪护、照看，那么，你有什么必要存在呢？教师的存在，就像花农一样吧？把那些还没开花、很难开花的小小植物们，悉心照料、全情扶持，不浓不淡地去爱，恰到好处地去修剪，然后，静待花开……

日复一日，我在。

站立在童年边上

　　教室在二楼——我们是从去年 9 月升迁到二楼的，看着北窗外的一棵大树越长越高。它和我们一样，都是这所学校的新居民。

　　它不开花——或者说我不记得它开花。春夏季节，也就深深浅浅的各种绿色交错，冬天还要落叶，就剩下光秃秃的枝干。

　　初夏，教室的北窗时不时要打开了。窗外的那棵大树突然长到跟教室并肩了，触手可及。每天去上课，每天都看着它，每天都提醒自己：下课后要查一查这是什么树，然后每天回到办公室就忘了。

　　中午，轮到我去教室"午看班"。窗外在下雨，窗户被关上了。但是有一枝可怜的小枝条被卡在了缝里。我径自过去把窗推开。

　　孩子们都好奇地看着一言不发直接去开窗的我。

　　我比他们更好奇，自言自语："这究竟是什么树呢？今天我一定要弄清楚。"

　　大家纷纷接话："是什么树啊？""我也想知道。"……

　　我拿出手机，对着窗外的树左拍右拍，一边说："我有个习惯：当我发现我不认识的、不了解的事物的时候，我特别想弄明白，特别想找到答案。"

　　照片拍好后，我扬扬手机："我们解决不同的问题有不同的办法。可以主动向人请教，也可以寻找工具或者网络的帮助。我知道手机里有个软件，可以查所有的花草树木的名字。"我迅速输入照片，然后公布答案："呀！原来它叫作'七叶树'。你们看，它的叶子像手掌，每个'手掌'上都有七枚叶子。"孩子们欢呼感叹，有的孩子甚至扑过来数叶子。

我对着他们笑："太好了！我再也不会忘记这棵树的名字了。它叫——"

全班孩子齐声回答："七叶树！"

"我今天增加了一种知识，真是开心啊！"我继续笑眯眯。

是的，我在向孩子们展示一个教师对世界的好奇。很多时候，年轻人会被指责为"没有创造力的一代"。每次看到这样的指责都会心虚。因为我是教师，因为我一直站立在童年边上。如果年轻人真的失去创造力，是不是跟教师有关？有时候会觉得，教师保持对世界的好奇并让孩子们看见，也是一种教育资源。让孩子们看见大人对博大而美好的世界也充满了探索的欲望，让孩子们看见大人也会为自己增加了一种知识而喜悦。我希望获取知识的乐趣真正成为孩子们向上生长的动力——而不是一朵朵小花花、一颗颗棒棒糖、一次次排名。一旦习惯了小花花和棒棒糖的鼓励、习惯排名的刺激，如果哪天离开了小花花、棒棒糖和排名，他们会不会找不到成长的动力？

这样的例子太多了。每年以高分进入名校而最终不能完成学业的学生数量在持续增加。

关窗的时候，我再次召唤孩子们看我。"这棵七叶树太喜欢我们班了，也许它也想来听课。你们看它的叶子都生长到窗户这边了。我们关窗的时候，一定要轻轻地把它们拨到边上去。你们看，它们都已经被压到窗户缝里了，叶子上都有折痕了。"

大多数小朋友应声："好的。"也有调皮鬼问："为什么啊？"

我脱口而出："因为它也是生命啊！我们要尊重生命。树是站在那里让我们看的，我们就该照顾好它们，让它们好好地站在那里让人们观赏，而不能随便把它们的枝条压到玻璃窗缝隙里，那会令它们受伤的。"

教室里突然好安静。安静就是孩子们听懂了老师对生命的敬畏吗？

我知道有所学校，每学期的期初都要求每个孩子带一盆绿植到教室。如果哪个班级带来的绿植少，那就是"班主任工作不得力"的证据之一。然而，不到期末，几乎每间教室的绿植都枯死无数——这却从来不作为考核的依据。那些枯死的花也好、草也好，是不是在向学生暗示——不是所有的生命都值得被敬畏？

学校的绿化已经够好，教室里放几盆绿植是点缀，是对学生进行美的熏陶。放几十盆的意义何在呢？最后那些枯枝残叶在向学生展示什么呢？展示凡事图个开头热闹即可？

我很少同意学生带绿植过来——除非是学校必须的要求。为了不打击孩子们的积极性，不增加自己的负担，一般我会让学生轮流带绿植过来。如果带过来了，我一定悉心照料，并在期末的时候非常有仪式感地向绿植的主人道谢，谢谢他们的绿植美化了我们的教室，并请他们把绿植带回家过寒假或者过暑假。

我只是想让孩子们看见教师对生命的敬畏。

想起五四青年节那天看到的颜宁教授"祝自己节日快乐"的微博：

节日快乐！也祝我自己节日快乐！

小时候最喜欢六一，长大了最喜欢今天，不论我们的生理年龄还是外貌变化成什么样子，只要有颗"赤子之心"，就一直是青年！以下是我定义的青年特质：

1. 好奇：对宇宙、对自然、对生命、对世界充满了好奇，理解世界多样性，知道生命有无数种可能，积极地去了解去探索，绝无"过来人"吃盐比吃饭多的傲慢；

2. 乐观：莫欺少年穷，不过是从头再来——这是我经常念叨的句子，其实只要有这种心态，就算年过半百，敢说不是青年？

3. 敬畏与无畏：完全不是对权威的敬畏与服从，而是因为好奇所以敬畏未知，因为乐观所以无畏探索。

真好！好奇、乐观、敬畏与无畏，我好像都仍然具备，且相当丰沛。看来完全符合颜宁教授定义的青年特质。所以，我依然是青年？

在那篇微博的最后，颜宁教授提到自己的愿景："我的愿景：每一代作为整体在智识上进步一点点，推动人类文明进步一点点。"不能再同意。我的愿景没有她的愿景博大宏伟，但仍有勇气昭告亲友：

我的愿景：让学生看到我对世界的好奇与敬畏，愿他们因此而追求获取知识的快乐，亦保持对生命的尊重。

第三辑

陪学生一起成长

等待他的成长
——我陪学生韬成长的故事

一、维护他的尊严

初次见到韬，还真有些意外。

我刚接任他们班，就被告知有个全校赫赫有名的人物。成绩不好不说，且"行为之恶劣""性情之乖张"不可言喻。

我以为这是一个极为愚笨的孩子，而没想到眼前的韬却是如此的挺拔、精神，尤其是他的双眼，明亮而聪慧。真与我的想象大相径庭。

对于这样的一个学生，该怎样做才能让他喜欢英语并持之以恒呢？他有着太多的缺点，是个经常受批评的孩子。那么，少批评、多表扬，多多地维护他的自尊心，是否有效呢？

开学第一节课，我进行了学习英语的目的教育。最后我强调："英语虽然不是一门新课程，但三年级开始才算主课，我们从头开始重新学习英语。因此无论你一、二年级时英语学得怎么样，大家都站在同一条起跑线上。我不认识你们，也不想去向语文、数学老师打听你们的语数成绩。在我面前，你们没有好学生、差学生之分，大家都是平等的。只要认真，你的英语一定会学得和别人一样好。"说完之后，我平静地用眼睛巡视了全班同学一遍，却故意不看坐在最前面的韬。我不想让他知道我已了解他的一切，这些话，得让他慢慢消化。

第二节课开始上新课，他很积极地举手，我也尽量多地让他发言。我表扬他语音标准，同学们都投来赞许的目光。他有些羞怯，又有些得意，作业也便认认真真地写完了，写得还真不错。我把他的作业向全班同学展示。大家都说："呀，他也能写这么好呀！"我故作不知："怎么啦？写这么好的作业有什么稀奇的！"大家纷纷告诉我："他语文作业老是拖拖拉拉，数学作业也不肯好好做的。"

我连忙维护他："那是他小时候不懂事！现在他长大了，懂事了，肯学了，英语又是一门新学科，他又那么聪明，肯定能学好。"

他感激地直笑。

这种孩子听多了批评，他才不在乎你的责骂，也漠视了自己的尊严。然而，当老师小心地维护了他的尊严后，他才意识到自己的尊严，他才会为他的尊严而努力。

二、抹平他的本子

新学期开学几天来，他能按时完成作业。尤其是今天的回家作业质量很好，很多同学 6 个看图写句子都有错误，他倒全对了。

预备铃响了。我开始朗读一位学生的英语作文，写得很好，我给予褒奖。韬开始转过去对作者挤眉弄眼，发出声音；我横他一眼，继续朗读，他变本加厉。我忍无可忍，过去呵斥他。他生气了，顺手把自己两本英语作业本一揉，扔到凳子底下。坐在那儿，一动不动。

正式开始上课了。首先复习，到朗读课文一环节，韬的课本还没有打开。我走过去，眼睛仍环视着全班同学，不动声色地帮他把课本打开，翻到正在朗读的那一页，用我的手指指向学生们正读的那一行。

他不读，但脸上的神情缓和了许多。

开始默写单词了，他还是不动。我有几种选择，第一种，呵斥他，命令他把作业本捡起来，但韬是根本不会吃这一套的，结果会导致全班同学都看向这边，而他根本不会动。第二种，不理他。

出于教师的责任感，我选了第三种做法。我弯下腰，一边给全班学生默单词，一边为他捡起本子，并且缓慢地、仔细地为他抹平。

本子抹平了，再为他折好，轻声催促他："快开始默啊！"

他还是不动。

我继续为他找梯子下台阶："是不是没有带铅笔？老师帮你借一支。"说着问学生借了支铅笔递给他。

他终于开始默了。这时，同学们已经默到第三个了。幸好他来得及赶上。我站在他边上，帮他补上第一、第二个单词。8个单词他全对，我适时向全班通报，表扬他的进步。

如果不仅能够抹平本子，也能抹平他内心的暴戾、乖张，我愿意这么做。

三、坚持与他的较量

跟韬斗智斗勇了一学年，真的很累。好几次，因为他的顽劣，真想任他去。可是一个教师的责任感促使着我。

上学期期末考试，他的英语成绩终于勉强达到及格线。这让我、让他本人、让他家长都感到了一丝希望。尤其这一单元测试，他达到了62.5分，他很兴奋。周末甚至主动给我打电话，约我带孩子出去溜冰。假期的作业也很认真地完成，没有出现少做。为此，上课之前，我当着全班同学表扬他有进步。

今天英语课上，"四会"单词的新授部分完成之后，我开始跟学生操练重点句型。韬自作聪明，开始在1号本上抄单词。我一边继续上课，一边瞪着他，用眼睛传递着各种信息：反对、阻止、提醒……他终于退让，把笔放下。

第一次较量。

新课完成，留有 3 分钟的作业时间。韬边上的小张坐着不动。我奇怪了，问他为什么，他告诉我，钢笔被韬抢去了。我走向韬，让他把笔还给小张，他不肯，说："还有一行，等我这行写好了就还给他。"这怎么行？助长他强抢别人东西的气焰？

我不依："不行，你抢别人东西是不对的，把钢笔还给小张。"

他又开始不对劲了，紧紧抓住钢笔，强词夺理："这是我问他借的，写好了就还给他。"我把小张请过来，小张自然叫委屈："是他强抢的。"

这时，很多学生都陆续写完作业了。一个乖巧的女生悄悄把钢笔递给小张，意思是息事宁人，让他先写了作业再说。小张接过笔，准备开始做作业了。我阻挡住小张，对着韬说："不行！不能抢别人的东西，你必须还给他。你没有带钢笔，可以等其他同学作业做好后问他们借。"

他瞪着我，生气、暴怒、不服、疑虑、矛盾，都写在脸上。我很平静地注视他："最近你进步很大，但是你不经别人同意强抢东西绝对是不对的。每个人都不应该做明知道错的事。你把钢笔还给小张，我可以帮你问其他已经做好作业的同学借钢笔。"

他终于把笔还给小张，我问其他同学借了支钢笔，递给他。他接过，却赌气不写。为了缓冲他的情绪，我把他的本子拿起来，说："你看，作业本也不知道一折四。"我帮他把本子细心地折好，再还给他。他的情绪终于趋于平稳，安静地写完了作业。

第二次较量。

每天，每节课，都要跟他几次三番地较量，不是不累，只是，不愿轻言放弃。

感悟

韬已经毕业离校了，但是像韬这样的孩子还是在我的课堂上生生不息。

很多时候，对待韬这样的孩子，其实做教师的最需要"等待"。"等待"意味着我们相信"被等待者"一定会抵达。这是一种信念，因为教育的经验，因为人的共性，因为值得"等待"。只要教师有足够的耐心，不着急，不放弃努力，不急切地盼望出成效、成正果，不期待"立竿见影"，而是多一点期待与从容，知道何时应该顺其自然，何时应该保持沉默，何时最好不要介入，何时可以"什么都没有看到"，那么课堂会变得更有机智，更多的学生会有自己的领悟、发现和尝试。

等待每一个孩子的成长，让我们有足够的耐心。

爱在左，同情在右

——我陪学生俞成长的故事

爱在左，同情在右。走在生命的两旁，随时撒播，将这一径长途点缀得香花弥漫，使穿杖拂叶的行人，踏着荆棘，不觉得痛苦，有泪可落，却不悲凉。

——冰心

俞（化名），小小的个子，白皙的皮肤，戴一副眼镜，很斯文。他是安静的，注意力却常常不能集中。他是乖巧的，妈妈说的话也能听取，却常常要忘却那些叮咛。就是这个孩子，上课经常要走神，作业天天要催着，回家作业经常不做，成绩也始终徘徊在"合格"边缘。无论上课还是下课，他都基本不在老师面前说一句话，特别地内向、安静。

一个孩子就是一个世界，一个孩子就是一朵花。没有一朵花不想绽放，没有一个孩子不向往"好"的世界。只是，有的孩子，似乎需要老师更多的同情、等待和爱。

一、那个"逃走"的背影

记得那是去年九月份，他读五年级。一个周五的傍晚，请了俞跟我回办公室。组长向我反映他不肯背书，经常"逃走"。

怎么"逃"呢？我倒要看看。于是，我非常温和地请他跟我一起到办公室。安排他坐好，并向他保证，不会读的单词可以问老师。他乖乖地坐好了，但是我听不到他任何读书的声音。我一再提醒："读课文要读出声音来啊！"可每次提醒后最多只能听到他一分钟的读书声。

放学的时候，也是家长过来跟老师交流的时间。为了不影响办公室里的老师和几个补功课的孩子，我和家长在走廊里交流他们孩子的学习情况。正在这时，俞走出办公室。看见我，怔了怔，然后很小心地对我说："老师，我想去小便。""去吧！"我不疑有他，还怕他不知道新的教师办公楼里的男厕所，特地指给他看方向。然后继续跟家长交流。突然，一个身影从过道尽头窜过。我只来得及看到一个弱小的背影。是俞！他从容地在我眼皮底下"逃走"了！

无法抑制地，内心里涌起深深的同情。他不是个顽劣的孩子，他一定知道不该这么"逃走"。明知道不该做的事，偏偏要去做；明知道"逃走"的后果，偏偏还是要去做。他的内心一定充满紧张。同情他此刻的心情。可是为什么要逃走呢？他是真的不喜欢英语？他是真的觉得学英语很困难？他是真的觉得享受不到学英语的乐趣？明天我要怎样面对他呢？今后我要如何帮助他呢？在他的成长路上我要怎样引导他呢？

当代美国著名教育家威廉·贝内特在他精心"编织"的长达800页的"美德书"中把"同情"列为经典性、不会随着时代与价值变迁而消逝的永恒美德的首位。是的，教师应该是最懂得同情学生的人。同情会使我们永怀期待，同情会使我们拥有博大的爱心。努力去理解学生的思想路线和行为逻辑，不要使用成人的标准去衡量和要求学生。

那么，去同情俞的处境，在同情的基础上去引导、教育，或许能收获不一般的教育价值。

二、那个着急的妈妈

国庆长假结束后，就是第三单元的练习课与测试。我不禁要为俞担心了。虽然，我用了很多时间来给他补课，但心里还是没有底。如果他再不合格呢？他会不会质疑自己最近的努力呢？

　　行走在长长的走廊里，迎面的孩子们都快乐地跟我打招呼："老师好。"在我不断点头回答"你好，你们好"的时候，一个弱小的背影从我眼前跳过，也抛下一句："沈老师好。"是俞！他那样不爱跟老师接触的孩子居然也主动跟我打招呼，意外啊！我顾不得抱着笔记本电脑、穿着高跟鞋，就追上去说："你好。"然后继续说："你的课文是不是已经背好了啊？"他笑眯眯地，有点得意："是的。沈老师，我不仅第三单元的课文背好了，前面的也都补背好了。"

　　真好！怪不得他那么自信满满地主动跟我打招呼呢！"真不错！老师相信你这次单元测试成绩一定能提高！"我很认真地鼓励着，又问道："是妈妈督促着你在假期里背熟的吧？"他快乐地笑着："是啊。"我赞一声："你妈妈真是一个好妈妈！"

　　想起他妈妈了，一个内向的、淳朴的、不善言辞的、文化不高的妇女。因为那次俞的"逃走"，跟她交流孩子的英语学习。她那么急迫地站在我面前、几乎语无伦次地翻来覆去说着两句话："老师，我不懂英语啊！我经常跟孩子讲，妈妈不懂英语，你一定要学好啊！因为妈妈不会，不能辅导你，所以学英语全靠你自己了。"

　　因为妈妈觉得自己不懂英语，就放弃了对孩子学习英语的扶持。她的放弃，也是对孩子学习这门学科的一种暗示：英语很难的，你学不好妈妈也没有办法啊。怎么可以如此粗心呢？怎么可以当着孩子的面说这样的话呢？许多时候，我们有的孩子不够自信，在他的学习过程之中，他始终需要家长来扶持。当他意识到家长也不能帮助他的时候，他内心的信念会轰然倒塌，对这门学科也会失去信心。

　　我理解她的心情，向她表达了三层意思：

　　第一层：安慰。"教孩子学英语，是我英语老师的责任。您不懂英语没关系。我需要您督促孩子学英语，而不是需要您去辅导孩子学英语。您懂不懂英语，跟孩子英语学得好不好，没有直接联系。"

第二层：请求。"请相信我，我能教好他英语，但是，我需要您的支持。每天的回家作业，一定要督促他保质保量地完成。如果不会做，可以空着；如果做错了，也没关系，但一定要他认真去做。一定要他完成口头作业，这非常重要。"（为了让家长了解孩子一天的英语学习，我每天都会发短消息，告诉他们今天哪些单词要会默写，哪些单词只要会读，告诉他们要掌握哪个句型，告诉他们课文学了哪一段，需要背诵。）

第三层：提醒。"不要在孩子面前轻易说'我不会'，要努力维护家长的尊严，取得他的信任。您可以告诉他'我不会读英语，但我能看懂，能听懂'，这样他就愿意读给您听、背给您听了。而且，您的孩子目前独立学习的能力不是很好，在他的潜意识里，他是非常需要您作为他学习上的'拐杖'的。如果您反复声称不懂英语，他就会缺少支持而在心理上觉得学习这门功课很辛苦，很没有信心。所以，以后请不要再对孩子说'我不懂英语'，只要您督促他完成所有的口头、笔头作业，他的学习成绩一定能上去的。"

说这些话，并不是想推卸自己做教师的职责。是的，我是孩子的英语老师，我从没有要求家长辅导孩子的英语学习。但是，我需要家长的配合，孩子需要家长的督促。许多时候，听到一些家长说："孩子这么大了，应该培养他自觉学习。"可是，培养孩子的自觉学习，非一朝一夕之功，那要靠家长和老师共同循序渐进地引导，而不是在他们刚开始学习之际就放任自流还美其名曰"培养自觉学习"，尤其是，在明明知道自己的孩子不是学习特别自觉的情况下。

这样有些"越位"的题外话，俞的妈妈，这个普通的家庭妇女竟然当至理名言开始了实践。我相信她开始了在家里的英语"陪读"，不再有收不到俞作业的情况出现了。尽管常常有不会做的题目空着，也常常有做错的题目，但这都可以告诉我，他已经非常努力认真地做家庭作业了。也不再有他不肯背书的现象了，虽然背得结结巴巴。他的成绩，在刚开学徘徊在"合格"边缘，到后来连续两次达到了"良好"。在课堂上，我不断地表扬他的刻苦努力，也一直表扬他妈妈，因为没有以"不懂英语"而推卸督促孩子学习的责任。如此有趣，他居然开始跟我主动打招呼了，每次测验后也会主动告诉我"感觉还可以"。

加拿大著名的教育学者马克斯·范梅南说过："一个机智的教育者认识到要跨过街道走过来的不是孩子，而是老师或父母。""老师或父母应该站在孩子身边，帮助孩子认识要跨过去的地方，为孩子寻找有效的方式帮助孩子顺利走到另一边来，走到这个另外的世界中来。"同为人母，设身处地，我更能深刻体察俞妈妈在孩子学习问题上的境遇和状况。有了相同的情感，才有真正的同情。我一直耐心地等待着他走过来，而不是带着"好学生的标准"让他去匆忙赶路。每一次与孩子一起的生命旅程都充满同情，充满等待，充满欣赏，孩子才会用心去感受到老师对他的爱和鼓励。

三、那一次期末考试

成绩的高低从来不是我衡量孩子是否优秀的标准，可是，却也发自内心地希望他们在经过两周有序的复习后，能得到他们自己满意的一个成绩。

五年级的期末考试，俞的英语前所未有地考了优秀。我从没有要求他考到优秀，从下半学期开始他却自己定下这个目标。因为学期中他摔断了右手，他的英语学习曾经让我、他妈妈和他自己焦急万分。我只好在他逐步康复的过程中，在他不能够去参加的体育课、课间操时间把他找过来，慢慢地、一点点地补。针对他记忆力和理解能力不是很好的实际情况，我关照他母亲，每天提醒他读一条我给他整理的语法点，读五遍。他把老师的话当了"圣旨"，每天作业写到再晚，也一定会去读。有时候妈妈忘了，让他休息，他会跟妈妈说："老师让我每天读的语法知识还没有读呢！"每天一条，每天五遍。在长久的坚持后面，终于迎来了他五年级以来的第一次"优秀"，这是多么可喜可贺的事啊！我非常用心地在他的试卷上画了一个甜蜜的笑脸，让他感受到老师的祝贺吧！

学期结束典礼上，我向他和其他获得进步的孩子颁发了自己准备的奖品。在全班学生长久、热烈的掌声里，真心希望，孩子能真切地接收到来自老师亲切的祝福、真切的鼓励，让他有足够的信心去继续努力。

罗素说过："没有任何方法可以强迫孩子产生同情和爱心；唯一可靠的办法是观察自然产生这两种情况的条件，然后努力创造这些条件。"只有用自己深刻的生命体验去唤醒爱心，唤醒同情心，带着执着而明敏的心去倾听，才能发现多姿的孩子世界，才能发现孩子世界的多彩。

四、聆听他的声音

虽然升高了一个年级，六年级了，我却早已不担心俞的英语学习了。他的成绩已经很稳定，平时测验能够固定在良好，经过复习以后的期末测试，则基本接近优秀或者达到优秀。但是他上课的注意力仍是很不集中，不是两个手放在桌肚里做小动作，就是很明显地神游四方，需要我多次提醒。提醒的方式，总是静静凝视他，等他醒悟过来，他常常会意地笑笑，然后继续听课。一节课总要这样来回几次。

因为他的成绩，不再像当初那样需要我操心。不需要刻意地操心，是否也意味着我其实很有些不在意？自问自答，也惶恐。

又快单元测试了，下课的时候跟俞闲话："老师记得你已经连续四个单元测验成绩是良好？"他坚定地更正："是五个单元。"

"真好！老师真为你高兴。"

跟他絮絮叨叨，铺陈前言，不想过于直接地请他回忆起他"当年"的淘气，以免他误会我是取笑、批评或指责。等他渐渐进入谈话状态，才话题一转："你期末考试给自己的目标是多少呢？"

"优秀。"

"真好，很有自信啊！相信你继续努力的话，期末达到优秀肯定没问题。"我很认真地表达我的鼓励与信任，然后表现出很好奇的神情："老师记得你以前啊，可淘气了。可是现在进步这么大，我很想知道是为什么啊？你能告诉我原因吗？或许我得知这个原因后，可以帮助其他同学一起进步。能不能帮老师这个忙呢？"

他微笑起来，羞涩地笑，却有些毫无头绪。这个话题是有些大了。想想，试图进入他的思维，"你是怎么样取得这么大的进步的呢？"

"因为我每天都要读英语，读十遍。每次都从第一课开始读。不仅读课文，还背要求默写的蓝色单词。不要求默写的黑色单词也要背。"

吓一跳，十遍？这么多内容？而且词汇表里的黑色单词不要求默写。"是妈妈要求的？"

"对啊！"

"那你每天要背到什么时候才能睡觉啊？"我很关心。

"我每天作业写到九点钟，然后英语一般要读、背一个小时。每天十点钟睡觉。"

这么晚？看着他小小的个子，六年级了，身高恐怕还不如我读四年级的女儿。尽管是题外话，也要说："老师觉得你这么晚睡觉很不好。睡眠时间不足，既不利于你第二天精神饱满地听课，也不利于你的生长发育。男孩子个子长得太矮可不好。你要争取每天早点睡觉。"

继续启发他："怎么样可以早点睡觉呢？你的作业速度先要提高一点，不要太磨蹭。其次回去跟妈妈讲，老师建议黑色单词只需要读熟，不需要背诵。如果妈妈不接受这个建议，请妈妈跟老师再联系再交流。老师现在给你提个要求：每天晚上九点半睡觉。试一试能不能做到？下个星期你来向我汇报。然后我们再看看能不能将睡觉时间提早到九点。"

孩子能感受到来自老师的温情，微笑起来。

　　言归正传，继续我们的对话。"你为什么每天要读那么多遍英语呢？老师从来没有要求读这么多遍啊？"也感动于他妈妈的有心。那个曾经张皇失措的妈妈，那么无助地面对孩子的英语学习，也开始自信地担当起陪读妈妈的责任了，毫不推卸。是我那次与她的交流，真正地帮助到了她？

　　俞细声细气地回答："是妈妈开始管我的英语学习了，她要求我这么做。而且，我自己也下定了决心，要好好学英语。"

　　真的吗？是真的吧？确实，从那次"逃跑"以后，他再没有出现过不做作业、不肯背书的现象了。

　　"什么时候下定决心的呢？"柔声询问，主题，就在此刻进入？

　　他扭捏地笑了起来："是那次，那次，我从您办公室'逃跑'以后的第二天。"

　　我做恍然大悟状："你还记得？那么久远的事情了啊，一年多了，你真的还记得？"

　　他轻声回答，语气却无比坚定："是的，我记得。那件事印象太深刻啦！我一直记得。好多时候我都会想起来。"

　　"为什么呢？老师都不记得啦，你为什么还记得呢？"

　　"因为那天我从您办公室里逃走，心里很害怕很紧张，我知道我不应该逃走。"——当时曾经因为能确认他是"明知不可为而为"而对他充满了同情。

　　"我很害怕您会告诉我妈妈我'逃走'了，很害怕您会因此向妈妈告状，然后妈妈一定会狠狠批评我。"——那一天，他生活在无尽的惶恐中？

　　"可是您不仅没有向我妈妈告状，反而找我妈妈谈话，告诉妈妈应该怎么帮助我学习英语。"——原来妈妈跟我交流后回去就把我的意思都跟孩子交流了。不是最好的方法，却喜欢看到他们母子亲密无间。

　　"我觉得很惭愧。老师您没有因为我的'逃走'批评过一句，却告诉妈妈怎么帮助我。从那以后，妈妈再也不像以前那样不管我的英语学习了。"——看来，我当初跟俞妈妈的交流，让孩子和妈妈都发生了重大改变。

"妈妈跟老师交流之后，跟我说了您跟妈妈说的话之后，我就下定决心了，一定要好好学英语。"他看了看我，迟疑着补充了一句，"我想，沈老师对我这么好，我一定要好好学习英语。"

只是这样单纯的理由啊，感受到老师对他的好。一点点毫不起眼的"好"，却让孩子感受到了无限温情与鼓励。很多时候，拒绝说"爱"，宁愿说"同情"。如果真能让孩子感受到来自老师的"同情"，来自爸爸妈妈的"爱"之后，他们的进步真是难以想象。

如果不说"爱"，那么，还是，再多一点点"同情"吧。感谢他，他让我更确信"同情"的魅力，让我更确信自己日复一日所做的事情的确都是有意义的。人到中年，工作经历越来越长，却觉得自己越来越单纯，更愿意在倾听学生时抓住每个教化的时刻，而这些"教化"不断地改变着我的学生，也不断地改变着我自己。

感悟

"爱在左，同情在右。"自以为是的、居高临下的爱，对学生何尝不是一种施舍、一种伤害？只有耐心地等待、温情地理解、真挚地同情、诚意地鼓励、恰当地提醒，才是充满同情的爱。拥有爱和同情，教师才能走进孩子的心灵，才能唤醒孩子的爱，才能真正还给孩子一片自由的天空！

"输" 了 又 何 妨

——我陪学生耀成长的故事

耀实在是个让我头疼、沮丧的孩子。他够聪明，但是严重缺失的家庭教育，让他的行为准则、学习习惯越来越有问题。他的爸爸妈妈离异，他依傍爷爷奶奶生活。爷爷奶奶年纪大了，约束不了他。他开始迷恋电脑游戏，作业总是拖拉，常常对教师、对同学出言不逊。他跟妈妈会有来往，我曾经因为他的家庭作业问题跟他妈妈联系过，但他妈妈斩钉截铁地答复我：不准再因为孩子的学习问题去打扰她。至于他的父亲，没有人提及，不敢问，那是人家的私事。

这个孩子因着年岁渐增，似乎更加桀骜不驯。这两年多来，我在课上课下与他不断斗智斗勇，很多时候，仅看表面，或许一直是我在"输"。

"输"了又何妨？真的这样想：他只是个孩子，面对他的无礼，还是持宽厚的容忍与耐心的等待吧。

一、我在意

我要你知道，耀，还有什么比分数更重要。或许你不在意，但我在意，只要你在我的班上。

"考试分数并不是影响学生离开学校后干得怎么样的最大因素，也不会影响到我们在创建怎样一个社会。真正起作用的，是我们所有人都关注的那种考试测不出来的东西。"我相信梅耶尔（美国著名的民主教育理论家和实践者）的这句话。因为我更在意分数后面隐藏的东西，似乎不被家长、孩子在意，但我在意。

五年级上学期，耀还是在课堂上屡屡犯规。我一旦提醒、批评，他便生气。不是一般的生气，是绷脸、翻白眼、嘴里以弱小的声音却最恶劣的态度咒骂，这个过程一般长达十分钟，随之而来的是余下的时间一点也不听课。

课后，他却能马上雨过天晴。常常笑语盈盈跟我问好，似乎遗忘了我在课堂上对他的提醒与批评。这样的孩子，他的内心里，应该不是讨厌老师的啊！可是，他的表现为什么却诉说着相反的答案呢？我困惑了。

他常常无事也要来我的办公室溜达一圈、闲话几句。周五的早读课前，他又主动找到我的办公室，核实我催交的本子，还很乖巧地带了支笔，以便及时订正。

我与他聊天："老师常常以为你不尊敬我、很讨厌我！"

他紧张地极力辩驳："没有啊！"

我微笑："其实我也知道啊！我知道你其实不讨厌我、很尊敬我，对不对？"

他点点头。

我补充："其实我还知道你很喜欢老师呢！"

这个读五年级的男孩子，在女教师面前知道羞涩了，不肯点头，只是微笑着。

"那么老师为什么会误会你讨厌老师呢？"

他反应过来了："是我的表情。你批评我的时候我的表情让你误会了。"

关于他的表情，我已经多次去提醒他："明明知道老师的提醒、批评是正确的，就不应该摆出一副生气的样子，这样老师会误会你不接受、不服气、不尊敬老师。时间长了，次数多了，老师会觉得你这个孩子不讲道理。

如果你不改，以后因为好心、善意提醒、批评你的老师、长辈也会觉得你不讲道理，从而不喜欢你。"每次他都唯唯诺诺，心悦诚服，然后却屡屡不改。

今天的第一节课刚巧是他们班的课。课中，他不集中听讲的毛病又犯，我依旧点名提醒，他依旧生气。绷脸、翻白眼、低声咒骂依旧。白了我两眼之后，他突然顿住，灵性显现，立时立刻将表情调整到最柔和的地步，圆睁双眼，笑吟吟地看着我，一脸的虚心、诚恳与悔过！

站在讲台上的我，如同在看一个最戏剧性、最夸张的表演，愣了下，到底撑不住，装着转过身去板书，对着黑板偷偷笑！

第二天，周六班时看见他，好好地表扬了下他："有进步！老师批评你的时候只白了老师两眼。以前，一般要白我几十眼，嘟嘟囔囔骂我几十句。"

他快乐地笑："我想起了你的话，我不想因为我的表情让你误会。"

是的，耀，不要因为不是你发自内心的真实感受的表情，引起别人对你的错觉。这个才是更重要的。

我很在意你会不会用正确的表情表达真实的你，耀，你可知道？

二、不妨也"低声下气"

五年级期末复习阶段。一天，还没进教室的时候，我就感觉很不对，颇有"山雨欲来风满楼"的感觉。隔着窗，大部分学生都安静地等着我。安静之外，是紧张。原来，坐在第一排的两个男孩，秦与耀，正气势汹汹、指手画脚地吵架。若不是他们之间隔着一个女生，怕彼此的拳头都已经挥到对方的脸上去了。

看见我走进去，他们不但不消声，反而声线提高一个八度。我容忍地劝告自己：这不是对师道尊严的挑战，不是的；一定是他们觉得有个人来主持公道了，而他们都觉得自己真理在握，才如此理直气壮地提高声线的。

这么想，是不是才能让自己更平和一点呢？

眼看着他们彼此纠缠的手臂越来越近，我温和地唤住了印象中比较敦厚一点的秦："请你安静下来，要上课了。"因为我的不批评、不调查、不追究，秦似乎很"赏脸"，立时立刻偃旗息鼓。

开始师生问好。全班学生起立，我向孩子们鞠躬，孩子们也开始鞠躬回礼。在落座的那一刹，惊天动地，耀将自己的课桌使劲往前一推。他坐第一排，课桌撞到讲台再倒下。课桌倒下的瞬间，他的文具盒与文具也稀里哗啦滚了一地。他气得直哭。刚才那么恼火的他，竟然因为我的不理会生气了？是不是，在我对秦的那一声极为平常的敦促中，他看到了我对秦有更多的信任与理解和他以为的默默支持？

可是，他不知道。在那一刻，我有把握可以请秦安静下来，我深信秦不会持续坚持他的别扭。但对耀，我没有这个把握。我知道，他期待着我追究、询问、了解，然后他一定有十足的把握觉得所有的道理都在他那一边。而我，不想追究。我知道两个闹矛盾的孩子只需要五分钟的冷静，而这五分钟里，我任何的劝解都是无效的。我也知道，我的追究意味着我必须卷入一大堆可笑的鸡毛蒜皮的却又理直气壮的理由里。如果我追究，或许我会因为说服不了他们两个人立刻安静而生气；而我的生气，让大部分孩子将无端地感受老师的不良情绪，这是最不该的。那会影响到整堂课的气氛，会彼此都非常不愉快、非常压抑，我不想看到。况且，还有几个笑吟吟的、唯恐天下不乱的"坏家伙们"已经兴致高昂等着看"好戏"，我才不要让他们如愿以偿。

面对这一幕，我的眼光淡淡掠过他，却不去凝视他。他需要发泄，那就让他发泄好了。此刻，凝视，对他而言或许都是一种挑衅。

忽略，有时候也不失为一种良策？

耀继续着对秦的"咆哮"，包括手势，但声线渐渐压抑，幅度慢慢减小。我很自嘲地想：这样的压抑也是他最大的克制与忍耐？

那几双等着"看好戏"的眼睛，因为我的不追究，很无趣地失去了神采。

复习完一个单元的知识点，开始讲评练习卷。第一项任务是做卷子上的听力题。孩子们开始低头，听我读听力材料，执笔答题。我一边读，一边开始把耀踢翻在地的课桌给他扶起来、摆正；然后，将他散落在地上的文具一一收拾起来；最后，铺平他手里的练习卷。

做这一切的时候，继续朗读我的听力材料，不要让其他孩子来关注。如果他们真来关注，或许会发现这个老师此刻其实有点"低声下气"。

是的，低声下气。

据说，李叔同先生做什么，像什么：少年时做公子，像个翩翩公子；中年时做名士，像个风流名士；演话剧，像个演员；学油画，像个美术家；学钢琴，像个音乐家；办报刊，像个编辑；当教员，像个老师；做和尚，像个高僧，实在了不起。令人更为敬佩的是他开导犯错误的学生总是"和颜悦色，低声下气"。

"低声下气"间，或许更有深长的教育意味？

"低声下气"地看耀的脸色，看他摔桌子，看他耍性子，"低声下气"地为他扶起摔倒的课桌，为他捡起文具，为他铺平试卷；甚至等他开始跟上大家做第二小题听力题时还"低声下气"地为他重新朗读一遍第一题的听力材料。这样的"低声下气"，换来他五分钟的生闷气和35分钟的认真听讲，换来整个教室里一贯的祥和，那也值了。

有的时候，或许，"理直气壮，义正词严"的态度真的有些问题。在适当的时候，不妨也"低声下气"。

三、能做回天使吗

六年级的新学期了。一个周五的回家作业是一份练习卷，准备放在今天的英语课上讲。

下午连续三节课，因为教室离办公室远，中途无法折回办公室去喝口水润润嗓子。课间还是不断找着学生谈话，尤其是找来学习习惯不好的同学，谆谆询问："练习卷都完成了吗？如果没有，抓紧时间补上，争取在老师上课前补好。"

其中，亲爱的耀瞪着一双纯洁的双眼，盯着我："老师，我已经完成了！你相信我好了！我只有两小格不会做。"

我安慰着他："不要紧，不会做空在那里好了。老师待会儿讲，你认真听讲、认真订正就可以了。"有点欣慰，孩子真的懂事了。"相信你不会辜负老师的信任和喜欢的！"

可是，可是，等我上完其他两个班两节课，精疲力竭来到他们班，随手翻开他的作业纸，一片空白。

有些怔忪了，原来，轻易被欺骗的是我，一个成年人。因为我一厢情愿地相信孩子的天真与诚实，相信孩子的纯洁与美好。许多的文学作品中，都描摹着成人世界里的虚伪，都用"天使"这个词汇来形容孩子。

耀的别名可还是天使？活泼、灵动、纯真、诚实的天使？

对那个亲爱的小天使，在我回办公室批作业的时候，还是不忘嘱咐他：放学后来老师办公室补作业，老师等你！

他一脸愧色：好的。

——结果，我一边批作业一边等他，以为他要忙着完成语文、数学作业，等到下午5：45，也没有见到他的人影！到他教室一看，早就走了！

我要怎样做，才能让他做回天使？

四、及时梳理情绪

因为出差，两天的家庭作业今天一起批。批好耀他们班的两份作业后，抱着订正作业本去他们教室。行走的时候，才惊觉，耀的两本作业本交换着写错了本子，也不容置疑，一定是第一天的回家作业没有写，第二天才补的，而补的结果就是把两本作业的内容张冠李戴了。

发下去的订正作业，乖巧的孩子急着订正，急着交给我批改。请学生到处去找耀，交代他把写错的作业本改写回来。

耀没有对我发作，但我知道，他内心的火焰已经甚高。此时，任何人对他的任何言语，都是他发作的借口！他很生气地故意站在过道里写，我远远地请他坐下写，他理都不理我！孩子们排着队给我批改作业，我没有时间疏导他的情绪。

果不其然，嘉诚拿着作业本给我批，经过他旁边，不小心碰到了他的身子。他大发雷霆，顺手就是一拳："你干什么碰我？"

嘉诚也不是好欺负的孩子，"我又不是故意的！"挥手也是一拳，表达他的反抗。

这下可是彻底惹恼了耀，他把本子一摔，扑过去就要开战。

叹口气，从作业堆里钻出来，把嘉诚拉过来，"别理他！老师看你有没有订正对了。"

批好嘉诚的作业，又对耀说："我知道你很生气，因为作业写错了。可是，每个人都会犯错误，老师也会。犯了错误并不可怕啊，重要的是把它改正过来啊！"

这一刻，重要的不再是请他把作业改好，而是梳理他内心的狂躁了。

批好大家的作业，请了耀去我办公室写作业。我批作业，他补作业，一边也和他聊天："你刚才是不是心里特别窝火啊？老师觉得你这学期进步多了，再也没有出现不做家庭作业了。所以上次老师把朋友从法国带回来的巧克力特地分给你吃。可是，你干吗要生气呢？老师又没有批评你。我只是指出你的错误，作业本搞错了，然后请你把这个错误改正过来，这值得生气吗？"

他有所动容。

"老师也会犯错呢！当别人指出我的错误的时候，我会感谢他。并且马上改正，心里还会暗暗下决心，下次不再犯这个过错。你是小孩子，犯错误也是正常的啊！重要的是接受并改正。你现在想想，刚才对嘉诚动手对不对？"

他心悦诚服地点头："不对。"

"那你待会儿去找他，向他道歉，好不好？"

得到的回答干脆利落："好！"

五、找个台阶下

并不是每个孩子都是天使般纯良，让你整天收获美好心情的。许多时候，只能自己给自己找个台阶下。

今天亦如是。

课上，发现耀总是不参与发言。整班的孩子们都还是很喜欢举手发言的，但他常常随性而行，会有兴高采烈的时候，也有意兴阑珊的时候。今天的情绪，显然属于后者。我担忧他不会，于是，单独请他发言。

他一句都不肯读。我耐心等待。他徒自生气，给我看脸色。

见惯了他这个样子。知道再等待、再启发都是枉然，遂请他坐下。

在孩子们分组练习的时候，静静走向他，想跟他交流几句。

他原本双肘撑在桌子上，见我走近，兀自转过身，将整个身子趴到自己的椅子后背上，给我看他的后脑勺。

不理解成是他对我无礼，不然难过的定是我，生气的定是我，受影响的更是不相干的其他孩子。

在孩子们的分组讨论结束后，我微笑着说："老师要向耀说声对不起。刚才他还没准备好，还没有举手，可是我却点了他的名字要他发言。这真的是有些不尊重他了。如果他再思考一会，或许他就会回答了呢。所以，老师要郑重地对耀说声：对不起。耀，你能原谅老师刚才的粗心吗？"

他都不理我，表情没有任何松动，一脸的蛮横与不屑。但是，我确信，在他小小的内心里，一定有一些东西会被打动。

上半节课里，耀持续了他的不理睬。不看我、不听我、不读。偶尔瞟过来几个倏忽的眼神，尽是试探。我对着他微笑，很平和。他那样倔强的孩子，并不期望他会对我的话马上有所动容。即使心动，也必须维持他那小小的、该死的骄傲。

下半节课，大概他的火气也过了，开始听讲了。作业时间时，我走近他。这次他不给我看后脑勺了。我叹气："你干吗老生气啊！"

"老师，我现在没有生气了。"

"可是，你刚才很生气啊！老师至于让你生气那么久吗？而且，我都已经道歉了啊！你看，刚才有个同学听课时没有抬头看我，老师提醒他，他就对我笑笑，继续听课。你为什么要这么生气呢？生气最严重的后果就是你自己不开心。半节课都不开心，那多没意思啊！"

他笑笑。

"以后啊，尽量少生气或者生气的时间不要太长。因为重要的是不要让自己为不必要的事情不开心。懂吗？"

"懂了，老师。"他点头。

未必呢，孩子。

六、收集那些刀光剑影

单元测试成绩出来了。耀考了七十多分，全班倒数第三。将他的试卷夹在成绩良好的试卷中发下去。不以分数论英雄。他们的成绩我从来不计较，从不会因为分数低而去批评一个孩子，各人的能力有限、兴趣不同，只要尽力就好。耀对自己的成绩显然很满意，不断欢呼，不了解他的人会以为他得了个高分。也不去给他泼冷水，欢呼就欢呼吧，他自己能够感受到快乐就好。

然而，不到半节课的时间，他故伎重演，开始对同桌那个温厚的女孩子百般责骂、呵斥，声音虽低至我几乎不能辨别他在说什么，却仍可以看到他凶恶的眼神和那个女孩子无辜、无助的神情。

不打算扮演律师，研究他这次纷争所为何来。叹口气，将他同桌的课桌与椅子（都是独立的）移走，与他的课桌椅之间分出一条过道，然后，我站在那过道里，继续讲评试卷。让他看不到那个同桌。

想想不甘心，对着他笑："老师站在你旁边，尽收集你射向同桌的那些恶狠狠的目光，如一支支利剑，插到老师身上。但是，能够不射到你的同桌就好，你的毒气能够发散出来就好，希望老师收集你这些刀光剑影之后，你能好好听下半节课。"

他哈哈笑，孩子们也都乐不可支。笑就笑吧，笑过之后，耀，你能不能听一些知识进去？

七、石榴为序

批作业批到肩膀痛。耐心地数了数，耀的作业没交过来。看一下他们班的课表——活动课，基本不指望能够请到他，但还是连续派人去请，一拨接一拨的"兵马"派出去。校园如此大呢，或许是在后山看蚂蚁打架？也有可能。每次派人去找，先要叮咛一句："跟他好好说，说沈老师找他说说话。"一不留神，耀会跟找他的人吵起来也不一定。

一拨一拨的消息传来：

他正在后山摘石榴呢！

他说现在没空呢！

等等看。

第三拨派出去的人刚回来，耀满头大汗地回来了，冲到我办公室了。他一定觉得很过瘾了，老师你请我，就不听你的；请了三次我才来，看你怎么办。

满足他这样阿 Q 的精神胜利好了。

我微笑着说:"你真给老师面子啊!太幸福了。我原来预计你是不会在活动课上来的。我以为你一定到活动课下课才来。没想到这么乖,老师只请了三遍就来了。"

他得意地笑吟吟。

"在干什么呢?"

"摘石榴。"他也知道抵赖不过,大义凛然状。

伸手,对着他:"石榴呢?"

他笑起来了:"吃掉了。"

伸手,嗔怒:"我的呢?没有给我留一个吗?"他有些讶然。我继续,"好不讲义气啊,到底知道不知道老师对你的好?也不给我留个石榴?"上课采石榴老师不批评?请他来补作业请了三次也不生气?却因为没有给老师留个石榴而生气了?耀按捺不住,像哄孩子一样对着我:"好了,老师,我放了个石榴在书包里,我拿来给你。"他一溜烟去拿了来。

石榴的味道闻起来就觉得好呢!校园里后山上那棵石榴树,低处的石榴早被折腾没了。这几个石榴从何而来就不难猜测了,一定是几个调皮鬼爬到树上去了。万一摔下来要有多危险,他真的不懂?如果一开始就绷着脸说教,这个六年级的顽劣无比的小家伙才不会理会,反而马上会犯拧。

我叹口气。"这棵石榴树的石榴真的很好吃,吃了就吃了。但是,请你以后再不要去摘了。因为爬树太危险了,摔下来可不好玩,知道不知道?"他有些动容。再加一点点教育,"而且,那棵石榴树也不是自己家里的,对不对,怎么可以随便去摘呢?"

调皮鬼有些心虚了,也突然聪明起来了,视桌子上这个石榴为"罪证",怕我向班主任老师告状?"老师,那这个石榴你还是还给我吧。"

偏要逗他,"不行,我要送给校长吃。说是六(4)班同学的礼物。何况,你刚才已经送出手了,怎么好意思要回礼物呢?"急得他对着我恨不得作揖求饶,偏巧有美术老师进来,顺手递给了他。他才松了口气。

——这样漫长的序曲？

然后，才开始补作业。

每天这样的故事演绎无数则，可气可笑。然而，不苦中作乐又能如何呢？指望他的家长？他的妈妈已经决然地说过不许老师打电话给她了，他爸爸从来不曾听他提起，只有年迈的爷爷奶奶在照管他。哪里能指望老人对他执行多少家庭教育呢？既然连续发生家庭作业不做的现象，跟爷爷奶奶再多交流也是枉然。

生气总是无益，还是不生气的好。作业不做，也只好慢慢在学校补。训斥半天让孩子补，情绪恶劣的肯定不只有我，还有那个窝心写作业的家伙。那么，在这样漫长的序曲里，在他自以为是得到的便宜里，每天哄着、骗着，把作业补完，也无伤我师道尊严吧？

他肯定不爱学习，当然包括英语，也不要求他爱学习、爱英语。但至少可以，想让他不要讨厌英语老师，不要憎恶这门课程。那么，或许，一切还都有望？

八、依然还要说

今天午饭时间在耀的班上陪他们吃饭。我依次为孩子们盛汤，他们依次轻轻道谢："谢谢老师。"后来出现英语了：Thank you very much. 哈哈，体现学科特色呢。

等孩子们都就着滚烫的汤吃饭的时候，才为自己打上一份汤，开始用餐。

耀总是那么爱咋咋呼呼，那么大声："×××，你吃饭的姿势真难看，像个老头。"我可以不理会的，也不是特别严重的话。而且，我又不是他们班的班主任；而且，连续几节课，嗓子好痛，不想说话。

可是，想想，还是对耀招招手，唤他到我跟前。这样告诉他：

"你如果对某人的行为不以为然，可以放在心里，没有必要大声说出来。这样做，对方会讨厌你、甚至恨你的。如果你经常这样，对身边的每一个人都这样没轻没重地说话，大家都会不喜欢你的。你难过不难过？"

"如果你很欣赏对方的行为，倒建议你大声告诉他。对方会很高兴，旁人也会知道你很能欣赏同伴的优点。你会因此获得很多好朋友。"

他一本正经点头："老师，我知道了。以后我再不大声说别人不好了。"

——这只是他半个答案。还有一半是：他回到座位，对刚才那个同学说："×××，你长得好帅啊！"

这个淘气鬼啊！我在前面笑得撑不住，他一脸正色，全班学生都瞪着这个莫名其妙笑的沈老师！

如此可爱的小家伙啊！与他斗智斗勇的故事还会持续。最近两周他对我偃旗息鼓，明显表示合作。但乐观一点估计：这样良好的状态再能持续一周已经是极致了！提醒自己做好心理准备，随时进入应急状态。

九、斯文扫地

非常非常惭愧，即使现在回想那一幕，也知道自己斯文扫地。

这些孩子，我教了他们两年半，他们一直看到沈老师的柔和、斯文。常常跟他们开玩笑："沈老师是女同志，要保持女性的优雅的哦！"或许，为了"优雅"二字，总是对着他们微笑，不论课上课下，不论"优等生"还是"学困生"。

常常于心不忍。不忍那些"学困生"整日接受老师的冷眼与训斥，不忍他们看不到老师的微笑，总想，再忍忍，再忍忍，会感化的，应该可以感化的。

今天，耀已经连续三天的家庭作业没有交。不仅仅是没有交，是根本没有做。两次要求写作业本上，一次是一张练习卷。刚巧要求学生们换新本子，他什么也没有，没有作业本，也没有练习卷。我帮他问同学借了空白作业本，他终于勉强完成了作业本上的作业。请他抽空完成练习卷，也答应帮他去复印试卷，请他体育课来补上。或许我太好性子？居然没有对他生气？生气又怎么样呢？

他抗议："老师，让我下午第一节课来补练习卷。"我拒绝了他。下午第一节课我有课，不在办公室。而且，也来不及复印那份试卷。

我依然温和："第一节课试卷来不及复印，所以请你第三节课来。这是老师的邀请，请一定要过来。"

他勉强地回答："好的。"

提醒他："你是男子汉，说话要算数。"

可是，他居然失约！

等我体育课去找他，被告之体育老师在组织体育测试，也知道不能耽误他的测试。如果我请他补作业的时候，体育老师派学生来请他去测试，我一定放行。可是，他郑重地答应与承诺，居然如此漫不经心！到底是我天真还是他狡猾，一次次这样漠视我的邀请、善意，一次次欺骗我。

今天，当着全班学生面前，对他，终于，不能再忍。反复地追问着他："你为什么如此不尊重我的感受？老师是怎样对你的，你为什么一点进步也没有？为什么我所有温和的话语对你都不起作用？你为什么一定要我对你发脾气？"斯文扫地！不仅仅是生气，而且是绝望。

绝望啊，谁能告诉我，教育的力量在哪里？要多么漫长的等待？为什么温情、理解、尊重统统都没有用？为什么我所有的温情都抵不过疾言厉色？为什么学生对教师应该有的某种敬畏一定要产生在高压之后？

耀目睹失态的我，居然开口："对不起，老师，我错了。"

错的或许是我！对你太漫长的等待，太多的温情，太多的忍耐，太多的关爱，总是我单方面的付出。付出太多，你竟从不知感动？从不知改变、从不往更好的方向发展？

瞪着他，听到自己的心脏怦怦直跳，也差一点绝望到掉眼泪。是的，只要我"凶"一点，一定可以管制你。可是，你为什么一定要把我变成一个我自己不喜欢的"凶"教师？为什么你对我没有一点点的敬畏？

我要如何对你，接下来的日子？

十、心平气和说说话

心灰意冷。接下来是语文老师的课。离开"现场"，回办公室批作业。放在心上的，依然是他的感受。他受到伤害了吗？他会担心以后吗？他会从此破罐子破摔吗？

反反复复地，不能平静。

或许是我的优柔、不忍？叹口气，课后去找他谈话。

"你知道吗？其实我今天可以不生气的。我也向你保证这是我第一次、也是最后一次对你发火。你知道老师这句话是什么意思吗？"

"知道。就是从此以后你不管我了。"

"我没有这么说。我也不会不管你的。如果你在我的英语课上捣乱，我会很不客气的。"

"但是你会不管我学习了。"其实他够聪明。

不打算说谎，"是的，刚才生气的时候是这么想的。但是，你的那一句'老师，我错了'让我看到了希望。老师感到你不是一个完全不想学习的孩子，老师对你还抱有希望。所以，我改变主意了，还是想继续对你抱有希望。"顿了下，问他，"你知道什么叫作'被人抱有希望'吗？"

他困惑地看着我。不懂吗？

"老师被很多人抱有希望。校长和很多我的老师希望我成为一个更优秀的老师，我女儿希望我成为一个更好的妈妈。我觉得有他们的希望很高兴很幸福，我会为了他们的希望而不断努力。这些希望能督促我更好地工作、学习与生活。"看着他，装不知道他的妈妈对他的心意。"我想，你也是。你的爸爸妈妈对你抱有很多的希望，希望你学习有进步。老师对你也没有失去信心，你从来不是一个坏孩子，就是太调皮太不会克制自己。老师再生气依然对你抱有希望。希望你不断进步。你会为了这个希望而提醒自己好好努力吗?"

或许,"你从来不是一个坏孩子"的定论有点打动他。他特别安静、温顺地听着我絮絮叨叨,也反复表示知道今天最大的过错是"不尊重老师","老师邀请了我,我答应了却没有去。"知道今天是自己不对;也知道"沈老师一直对我很好",可是自己平时的态度却一直不够好。他向我一遍遍保证着自己"以后会乖的",也表达着他的惧怕,担心"沈老师你会不理我了"。

我们像两个刚斗过气的孩子,彼此承诺与保证着。可是,他的承诺有效吗?如果我再遭遇一次绝望,我还会对他心存希望吗?

十一、慢慢等待

新的一周又开始了,耀继续反复着,家庭作业断断续续。昨天还对着我信誓旦旦,说:"会做家庭作业了。"或许是他给我面子,当着我面那样乖巧温顺而已。等到今天整理他们班的作业的时候,课堂作业、家庭作业,统统就缺他一个。

来批订正作业的学生陆陆续续进办公室,口信也一次次捎过去:请耀将作业本交过来。

这样的口信如同石沉大海,了无痕迹。

再来一个男孩刚,也是我一贯不能放心的孩子。最近他上课表现特别好,一再地表扬他。他不免高兴,也趁机得意扬扬来汇报:"耀说就是不高兴写作业。"

报告完毕,幸灾乐祸地看着我微笑。

才不上他的当:"知道啦!谢谢你告诉我。"

可以这样做:气急败坏地冲到他教室,逼着他写作业。

但是后果呢?有可能不能逼他就范,我枉自失却师道尊严;即使能呵斥着他完成作业,他内心里认可吗?徒然使得他对这门学科、这个老师反感。

他是那样性情不稳定的孩子，又叛逆，又爱言不由衷。越跟他较真，他越来劲。这样的孩子，有时候不妨放他一马，容忍他一时的意气用事。过后的教育与谈心，或许更有效？

埋头于三个班作业堆里的我，继续将催耀作业的口信捎过去。转眼的工夫，他嘻嘻笑而来："哎呀！老师啊，我昨天就做好了啊！只是我没时间交给你而已。"

不是没时间，而是不愿意吧？

不打算戳穿他的小把戏，微笑，收下他的作业，细细批改，再提订正意见。他忙乱如风："哎呀，老师啊，我现在要去上艺术课，没有时间了，待会儿再来吧。"

好的，等你。就这样，慢慢等你。

十二、耍赖还是撒娇

进入复习阶段了，三个班的孩子们状态都比较好。可是，那个亲爱的耀，状态还是时好时坏。他不是"天使牌"的，我也不是"圣母牌"的。磕磕碰碰，一路走来，他遇到我，我遇到他，谁是谁的宿命？

他公然宣称：不怕沈老师。

所以语文、数学作业不敢不做的，就是英语回家作业三天两头不做。也幸好三个班150个学生里，就他经常这样，不然，不知道自己会是怎样的心情！常常无奈地请了过来，敦促着他慢慢、慢慢补。

今天的课上，讲评双休日的家庭作业《天天练》。他一个字也没有做。我犹豫了，是跟他生气呢，还是让他课后补，还是让他一边听讲评一边补？

在课堂上生气是极不愿意的，不想其他孩子看到我有失风度。当然是玩笑话，其实不想无辜的孩子们受教师不良情绪的影响，以免大家都不愉快。

课后补，显然也没有多大效果的，除非我请他到办公室看着他写。平时作业本上的家庭作业内容少，补起来也快。他多少心虚，也就愿意。一个单元的《天天练》量是有些多的，所以放在双休日布置下去。课后补，要补多久？他不越补越生气才怪。

还是一边听讲评一边补上吧，多少听一点、补一点。

可是，下课的时候，一查，耀昨天的家庭作业也没做。写在作业本上的，大概5分钟可以完成的作业。

"耀，请你跟我上楼去我办公室。我要跟你谈话，也请你带好书和作业本，补好作业。"

他很生气："我不要去！语文老师找我订正作业呢，也欠数学老师作业呢。"

——我是常常被他排在第三位的老师。这个可怜的第三位的老师要上三个毕业班的英语，而语文、数学老师每人一个班。我的确没有更多的精力对付他。

"不行。你最近的状态不好，我要好好跟你谈话。你这就跟我上楼去。如果语文、数学老师找你了，我会同意你去的。"

——语文、数学老师也很体谅我教三个班，一般不会从我这里"要"学生。总是他自己把两位老师当盾牌来堵我而已。

耀无计可施。气冲冲地抓了一把文具，赶在我前面往楼上办公室走。我收拾笔记本电脑，自然比他慢，落在他后面。

突然，耀停了下来。对着一个教室的后门口的墙壁，使劲地砸着自己的作业本。一下、一下、又一下，本子都给砸得破破烂烂。

我没有走过去，也没有去呵斥他。呵斥他，不演绎成跟他吵架才怪。他现在就需要发泄，不论对人还是对物。

我静静地在后面等他，很烦恼。这个孩子，到底是怎么回事？我对你的教育，真的一无收益？要等多久，可以不为你操心？要等多久，你可以和别的孩子一样通情达理？

等他把气都撒了，他又气势汹汹往我办公室走。

我离他有点距离，等我才进办公室，只听见办公室其他老师在批评他："你什么态度？怎么这种态度进办公室?"不用说，肯定他又摔门了，又使劲将书本之类扔办公桌上了。

我没有计较，这样对他说："耀，我知道你现在很激动、很烦躁。请你坐下来慢慢冷静一下，等你不烦躁了，我再跟你谈话。"

他气得直踢桌子。

踢吧，多踢也会脚痛的，自然也会停下来的。

过了会儿，耀果真平息怒火了。

然后再跟他谈话："你为什么不好好写作业？今天课上，别人是订正练习册。他第一次是自己动脑筋写，这一次是检查自己的作业是否正确，在听讲评中他会及时发现自己的问题，能够及时得到修正。你呢，只是听了一遍答案，也就失去了修正的机会了。"

他很无所谓地回答："反正我也学不好英语。写不写作业有什么关系呢？"

他这样看自己？可怕的想法。

"老师从来没有这样看啊。你从来不是一个笨孩子，就是作业习惯差。老师也不拿你跟班上最优秀的孩子比，就跟晟比好了。他家庭作业一直做的。你们也知道，作业可以不会做，可以做错，老师都不批评。晟他坚持做家庭作业，及时订正，才能保证每次测验成绩比你好多了。"

"只要你也认真写作业，不会做的地方第二天仔细听老师讲评，错误的地方及时订正，你也可以合格啊。而且，以我这么多年工作经验估计，你完全可以考到良好。"——150 个学生，这次测验，就两个人不合格，有他一个。

他略有所动，心平气和地写作业了。

写作业的时候，他所有的愤懑倒烟消云散了。难为他好意思，居然对着我问："老师，本子坏了。怎么写作业啊？"

是啊，作业本坏了，怎么写作业呢？

——六年级的大男孩了，说这样的话？他整天这么对我，到底是觉得我"好欺"在要赖呢，还是在撒娇，要使尽各种手段引起我注意？

昨天一节课上，他不断弄出各种声音，但因为不足以影响他人，我忍了他一节课，决定不理会他、不看他、不批评他，结果发现他难过了一节课！这个孩子，总是跟着爷爷奶奶生活，基本不听见他提到爸爸，周末才到妈妈那边去生活。他的妈妈却三番两次告诫我们教师不可因孩子的学习情况去打扰她。这个孩子，到底是可怜，还是顽劣？有时候也困惑自己对他的感觉。

我走到他身边，仔细研究他的作业本。然后说："我来找找本子上有无印刷厂的电话号码，我来打电话向他们投诉，这个本子未免太不结实了。"

耀哈哈大笑。

笑过之后，作业也完成了。

我先拜托他帮忙，拿几本本子给同学订正。当然对他说"谢谢你帮忙"。

然后问他："你不好好读书，长大后能干什么呢？"

他喜滋滋告诉我："老师啊，我爸爸刚开了个外贸公司啊。以后老爸会把公司传给我的哦。我就去管理公司好了。"

我笑得撑不起来："不学好英语怎么管理外贸公司呢？"

他一脸茫然："管理外贸公司必须要懂英语吗？"稍稍迟疑了下，又说"管他呢，等我把爸爸的钱都花光了再说。"

也是，他还是个孩子，哪里可能想那么长远。

看着他欣然离去的背影。我无话可说。

突然惊觉，他每次来，总是生着气；每次走，却总是快乐地离开。他到底为什么不肯写作业呢？有可能为得到老师的关注吗？他每天那些作业，到底是跟我在耍赖还是在撒娇？

十三、仍然会束手无策

中午我在耀的班级里值班——维持就餐纪律，给孩子们分汤，然后陪同他们就餐。

孩子们的就餐纪律很好，大家依次排队，在门口拿饭盒，然后到我身边取一份汤。突然，有男生在用粗话骂人。

正在盛汤的我，看见男生耀正对着女生张同学破口大骂，说张同学撞到了他。我没有出声，却飞速地试想各种方案：

调查谁撞了谁？可是，即使是张同学撞了耀，耀也不可以用粗话骂人啊！

对耀指出"不能说粗话，快道歉"？像这样爱叛逆爱反抗的孩子，肯定不会理会我，说不定还会给我脸色看。比如对我皱眉瞪眼，嘴里嘟嘟囔囔；比如用力摔学习用品，摔桌子凳子。

默不作声？反正不是他班主任。可是在我眼皮底下公然对同学如此无礼，也是对教师的轻慢。不处理，不能服众。我这个教三个班级的非班主任老师，课堂纪律的维系或许更多依赖于孩子对我的默默观察与信服程度。一旦这个信服程度动摇，我的课堂纪律将涣散，会直接影响他们的学习成绩。

我发现了自己的弱点——缺乏教学机智。在我飞快地思索的时候，孩子们看到眼里的结果却是我的默然，或许还有软弱。

我想了想，决定先将所有孩子的汤都分好，以免影响他们就餐。于是我说："同学们，老师先给你们讲个故事再吃饭吧。"我一边整理自己的餐具、饭盒，一边讲起了克拉克的故事：

"在美国，有个著名的教师，他的名字叫克拉克。他曾经受到美国政府的表彰，被评为年度教师，并被总统邀请到白宫接受颁奖。

"克拉克不是独自去接受奖章的，他还带了他的所有学生一起去。他们乘了飞机去，住宿的是豪华的五星级酒店。

"克拉克所在的学校不是贵族学校，很多孩子家里的经济条件很糟糕。孩子们的旅费都是克拉克老师募集的。

"人们为什么愿意给一个教师募集资金呢？因为克拉克的学生都非常有礼貌有修养，大家都觉得克拉克的教育很有效果，愿意支持他。

"那么你们知道克拉克是如何教育他的学生的吗？他制定了著名的55条班规，他要求班上的孩子们都达到这55条班规。其中有一条就是：不管是你不小心撞到了别人，还是别人不小心撞到了你，都要说对不起。

"你撞了别人说对不起，那是因为你的无心过错，当然要道歉。别人撞了你也信口说一句对不起，显示了你的风度，也避免可能出现的争执。"

我以为自己有足够的智慧讲这个故事，但是后来证明是错的，我讲故事的时间、地点不对。唯一可以安慰的是，其他孩子都把这个故事听了去，后来他们都这么做了。

很多学生都转过去看耀。

这是我犯错的最重要的原因，不该当着这么多学生讲这个故事。

耀冷笑，站起来，手里执了把尺子，依次在他们一组的学生身上，一个个地轻轻敲打，幅度却很夸张。然后大声地依次对被挨打的同学说："对不起啊！"敲打完一组5个同学之后，他挑衅地看着我，大家都期待地看着我，那些被他用尺子敲打的孩子也哭笑不得地看着我。

我黔驴技穷。我怎么办呢？孩子们都在吃饭，包括耀。在这个时候批评教育他？教室里已经开始有凝重的气息弥漫，我去影响、耽误孩子们的食欲和就餐速度？

没有办法，只好叹气，并微微一笑。

这笑，似乎是一针疏松剂。孩子们又恢复了活泼，轻声说笑着吃饭。耀很无趣地看着我，偃旗息鼓，也开始吃饭了。

或许我常常是那个束手无策的教师，真的。羡慕那些特别有办法的老师。

饭后，我对耀这样说："老师跟你说说话，可不可以？我们去走廊好不好？"

他回答："我很忙，我在写数学作业。"

或许又是我失策了。在他情绪没有完全平复的时候跟他交流是一件很困难的事，但我想在教室里解决这件事。观望的孩子不少，我希望他们看到我愿意给他们看到的结果。

我还是微微一笑："耀，你很不喜欢沈老师跟你说话吗？你很不喜欢沈老师吗？"

这句话他倒是很认真地答复："没有，老师。我没有不喜欢你。"

"可是，老师却经常会这么以为。你知道是什么原因吗？因为你的表情。你常常是一副生气的表情。看来你的表情表达有问题，但是我也愿意向你道歉。因为我误会你不喜欢我。"

他凛然的神色有些缓和。

"老师误会了你，会马上道歉。你做错了事情，该不该道歉？"

"但是，老师理解你肯定不是故意犯错误。你犯错误是因为你不知道这个道理。你不知道别人撞了你也最好说对不起。我想，可能你爸爸妈妈没跟你讲过这个道理，可能老师们包括我也没跟你讲过这个道理。你是因为不知道这个道理，所以才犯这个错误的，对不对？"

他拼命点头。

"那么，老师现在跟你讲了这个道理，相信你以后不会犯这个错误了。对吧？老师以后争取将克拉克的 55 条班规都跟你们讲讲，让大家也都成为非常文明优雅的人。"

"但是，你现在应该知道错了吧？错在别人撞了你就用粗话骂人。"

我给他定义"别人撞了你"，是很希望他能注意到：老师没有认定就是他撞了别人。因为真相其实我还不知道。

"你应该为你的行为道歉，现在知道了吧?"

他同意，却也抗议:"老师，你刚才讲的这个故事很明显是在说我啊!"他很耿耿于怀。是的，知道了。这样答他:"你不喜欢老师在那会儿、那么多人前讲这个故事，对不对?老师是比较粗心，也跟你说对不起啊。"

我发现自己在孩子们面前常常低声下气。

把刚才被耀用粗话骂过的女孩子张同学请过来。耀开口道歉之前，我提醒他:"向人家道歉的时候，记得眼睛要看对方的眼睛，这样才能显示你的诚意。"

耀认真道歉，道歉词居然是:"对不起，我刚才不小心撞了你。对不起，我不该用粗话骂你。"

刚才他那么理直气壮声嘶力竭的时候，我还以为是女生张同学一不小心撞到了耀。耀的脾气坏，开口骂人。原来真相是他自己撞了人，还要骂人!这个孩子的行为礼仪，有些可怕。可是怎么办呢?他的家庭教育严重缺失（父母离异，只和爷爷奶奶生活）。爷爷奶奶约束不了他。这个孩子，有一次去了妈妈家，回来跟我抱怨"再也不到妈妈那边去了"，理由是:妈妈约束他上网。我愿意相信他内心里其实跟我还是有些亲近的，至少他愿意悄悄跟我说这个。

在他不发脾气的时候，我对他发狠:"耀，等你毕业了，等你读中学了，你会想念沈老师的。"他嘻嘻笑。可是有什么用呢?他对我发脾气的时候居多。

女生张同学很宽宏大量:"没关系。"真的没关系吗?好孩子。

旁观我处理这件事的，有很多孩子。是的，就是想很多孩子看到我处理此事。看到我并没有忽视这样的细节，看到我如何在意他们的行为礼仪。是越位?从不因为学生的成绩批评他们，却总是计较他们的这些琐碎行为。

我离开的时候，居然很多学生都鞠躬道别。孩子们说:这是给沈老师特别的礼遇。

真是这样么？孩子们没有看出来其实这个英语教师经常也会束手无策吗？

我暖暖地微笑，离去。

或许很多时候，会依然束手无策，但我依然会努力去直面。

🌿 感悟

不介意会"输给学生"

六年级期末复习阶段，耀的家庭作业天天都交上来了。有时候发现他少做，邀请他在我空课时到我办公室，他也能心平气和地准时过来。

他究竟还要反复多少回呢？又能真正获取多少进步呢？他今后又会对我撒多少次谎？会给我看多少次脸色？试问自己，真的都不知道答案。

我不奢望能够成功地将他感化，从此他就能成为一个品格温良的孩子，再无反复。教育哪有这般轻易、简单？真正慰藉自己的，还是自己对自己的开导：在与孩子的"斗智斗勇"中，"输"一下又有何妨？

很多时候，不奢望。不奢望会"赢过学生"，不介意会"输给学生"，不妨随顺孩子。

"随顺"，不同于"放任"。它只是正视每个孩子的发展差异，只是对孩子持宽厚的容忍与耐心的等待。很多时候，教师不妨也试试随顺孩子的天性，在面对学生显而易见的疏忽、错误、过失之前，不要过于渲染自己的理直气壮。

很多时候真的感觉耀天天不肯写作业不是耍赖而是撒娇。不写作业不会受罚，反而有机会亲近教师？不写作业，可以得到教师更多的关注？

孩子天性中总是有着成年人无法理解的地方，总是有着成年人以为不可理喻的地方。试试站在孩子那边，努力揣摩孩子的心意，有的时候不妨随顺孩子天性，或许会有意外收获。

打开期末时请孩子们写给我的信笺，当时允许他们署名或者匿名。可爱的耀居然没有选择匿名，而是这样真切地将心里话告诉我："沈老师，我非常感激你。本来我是一个非常喜欢笑话被批评的同学的。经过你的教育，我就不再笑话被批评的同学了。"

摩挲着薄薄的信纸，心是柔软的。我看到了动人的光芒，来自一个懵懂心灵的深处。虽然这样的光芒现在还很微弱，但我已深深醉倒。

后记一

"超想念"

2009 年 6 月，耀小学毕业了。暑假过后读初一了。

十月份的一个周末，陪自己孩子写作业的同时，也写自己的"作业"。

稍不留神，登录 QQ 时忘了隐身。常年"潜伏"成了习惯。

刚一"现身"，第一个过来打招呼的是"耀"——我这刚毕业的学生，三年里跟他斗智斗勇无数次，为他记录的文字洋洋洒洒，因为他身上的现象也引发我对教育的更深层次的思考。某种意义上讲，陪伴他成长的三年，也是自己专业素养成长的三年。那三年，其实，我和耀——教师和学生之间，是彼此的成全。

耀嘻嘻笑，至为有礼："沈老师好！"一如当时我每次经过教室走廊的时候，所有的孩子都会这么问候。

"你好！"我依然微笑作答——尽管，他看不到我的笑容。

闲话几句，几个月不见，他真的懂事不少了。向我汇报中学的学习生活，听起来稍有进益。我高兴地表扬他，认真地激励他，也跟他开玩笑：

"想念沈老师吗？"

以为他不会回答——即使回答至少也会扭捏一下。他是个那么倔强的男孩子，三年里一直跟我使性子、耍脾气、不写作业。谁料想，他以最快的速度回答：

"超想念。"

笑容在自己嘴角蔓延，深深醉倒。"耀，你还记得吗？我当时对你说过的，等你到了中学你会想念我的。被我说中了吧？"

耀轻轻地答个"嗯"字，可以想象他此刻的一点点羞涩。他告诉我很多中学生活的逸事与烦恼事，也告诉我："老师，我很想念小学；老师，我有空会回来看你。"

为什么会"超想念"，没有问，也无须问。只想把这样的"超想念"轻轻记在心头，深信：在以后的教学生涯中或许会继续遭遇孩子们无心的伤害，在受伤的时候，这样的"超想念"一定可以很好地温暖自己。

后记二

"应了你的话"

2016年3月初，我的微信公众号后台，有个读者留言，嚷嚷着要加我微信，说："老师，终于找到你了。我是你以前的学生啊！"

原来是耀！

一晃，他小学毕业已经七年。我教了他三年，跟他斗智斗勇了三年。三年里，陆陆续续写下关于他的很多随笔。一个不容易"被教育"的孩子，犹如一本难啃的教科书，我艰难地、反复地去读。读一章，反思一程，迷惘一阵，清晰一时，恍然大悟片刻，并掺杂各种沮丧、失望以及对自己能力的质疑。

可是，小学毕业七年后，在我离开常熟五年后，在他踏入社会开始工作两年后，他已经是一个很帅气的理发师啦！他居然搜索到我的微信公众号。他像是安慰我，认真地告诉我："我心里很清楚，不和坏人交往的。你知道我其实很聪明的。"对于一个教师而言，看到、听到自己的学生，自食其力，并清楚明白是非的底线。还有什么比这更令人欣慰的呢？

他还跟我唠各种家常："我爸现在生意做得不错，他也帮我规划。""我妈还在国外，几个月就会回来一次。"——是心里亲爱一个人，才愿意这样絮絮叨叨吧？隔着手机屏幕，孩子不知道我内心有多温暖。一别七年，我仍是他亲爱的老师吧？

我忍不住问："你小时候经常对我耍赖，还记得吗？"他迅速回答："记得啊老师。"他还补充："以前沈老师对我特别好，不会忘记你的。"而最打动我的居然是："以前你说毕业了会想起你的好，后来应了你的话。"

我也记得这句话。这句话，也对他不止说过一次。在我对他最生气的时候说过，也在我最心疼他的时候说过。七年前，他是最挑战我的一个学生。或者说，我工作这么多年来，他是那个最挑战我的学生。他的各种挑战，其实也真是对我的各种磨砺。他不会忘记我，就如我也不会忘记他。无数反思，因他而起；无数进益，也是因他而起。守望他的三年，是彼此成全的三年。

耀，谢谢你，特意找到我，并告诉我你的感受，尤其这句"应了你的话"。这句话，鼓舞着一个教师，在遇到令人头疼、沮丧甚至绝望的孩子的时候，还是要让孩子感受到教师对他的好。这份好，也许在当年的教育现场，他根本无视，或者不做出任何回应，甚至拒绝。但是，一定可以为他的生命打下明亮的底色，让他在今后的岁月里向着明亮的那方。我愿意相信这样，也谢谢你告诉我，真的就是这样。

直面孩子的处境和心灵

——我陪学生帆成长的故事

五年级时候的帆实在是一个不怎么惹人喜爱的孩子，倔强、蛮横，很少见过他面部表情柔和的时候。稍一批评，就对老师怒目相对；偶一表扬，无限扭捏，几丝尴尬，甚至都不会微笑！他总是一脸漠然，对着所有的老师。每一次我跟他善意的谈话，总让他更局促，一贯地低头。他的局促，让我不忍。

一、来不及关注你

刚升到五年级时，帆的英语成绩一般能保持在良好。平时比较低一点，期末考核的时候，如果顺利，也能接近优秀，所以成绩不需要我太操心。但家庭作业的质量很糟糕，不是乱做，就是少做，偶尔全做了，还是错误百出。常常请了他过来，补全、补好作业，再订正。他也总是那么地不耐烦、焦躁，而这样的不耐烦，有时几乎也要影响到我的情绪了。

偶然听说了他的家庭情况，很震惊！父亲几乎以赌为生，母亲开一个麻将馆。母亲尚有一点良知，一边怨责着自己，一边居然也赌到想自己砍断手指的地步。好赌的家长见过，但两个家长都好赌的家庭没有听过。这样的家庭中，孩子的行为礼仪的教育、孩子的学习习惯的培养，都是严重缺失了的。他妈妈自己也知道，儿子撒谎成性、蛮横无理，却无力去管教了。

在麻将桌边长大的孩子！这样的定义，让我看着他的身影，不由自主地悲悯。我的女儿，从没有见过麻将。她的课余时间是在书店、图书馆里度过；是在山上、湖边的散步中度过；是在一次次旅游中度过。我的女儿，是在被妈妈批评之后还会说"妈妈我还是很爱你"这样的话。

可是，书籍，离帆有多远？自然，离他有多远？爱，离他有多远？

原来在我们身边，还是有这么多家庭，严重缺失亲职教育。要靠学校、要靠教师，去改变，何等势单力薄啊！难道教师能够去教育家长，离麻将远一点，给孩子一点时间？难道教师能够去教育家长要给孩子一个良好的成长空间？

这样的孩子，太多太多，来不及关注啊！

放学的时候，我温和地找他过来。

"以后在老师这里将作业写完了再回去，好不好？"

一些尴尬，他没有回答。

"老师是不放心你的回家作业。你在老师这里写好了，给我批好了，老师就比较放心了。我相信你能懂这是老师对你的关心吧？"

他的小脸上有几分亮彩浮现，面部表情突然柔和一些了。

"好的。"他干脆地回答了我，也很干脆地在放学后写完了作业，给我批好了再回去。

孩子，你可知道，老师只是想要让你尽量少待在麻将桌边一会儿啊！老师的力量是如此微薄，我拿什么跟你十几年的生活环境来抗衡啊？

二、打开你的心结

那天在帆教室隔壁的年级办公室里批改作业。数学老师一把把他拖出教室，一直拖到办公室。老师狠狠地把他推到办公桌前，生气地训着，并非常严厉地发出一句接一句的警告。

不用问，这个孩子又犯大错了。老师请他站起来，他拒不起立。三言两语之间，我就能想象他刚才在课堂上如何面目可憎了。理解数学老师的生气。

数学老师刚接他们这个班，未必了解这个孩子性情之古怪。只怕这次如此大动干戈，帆会在心里烙下一个深深的结。他会憎恨数学老师，他会从此以后在数学课上无比淡漠，拒不听课。我惧怕。惧怕他对老师的不服从，惧怕老师在他的不服从之后的生气。

班主任也在场，也是刚接班的。就着数学老师的话茬，也狠狠批评着帆。

我，不便言语。又欲说还休！

想想，端了把椅子，放在我边上。请帆坐下。他刚才倔强、愤怒的眼泪变本加厉，热泪滚滚，但眼泪的性质变了吧？我给他面巾纸擦拭。然后，说这么一句话："如果是沈老师上课的时候，请你站起来，你不站起来，我也会生气的。"

不打算让他接收到这样错误的信息："沈老师很同情我，数学老师批评错了。"他愣了愣，看我。

我补充："我平时只是嗓子不好才不发火。课堂上如果你也这样不乖，我肯定也生气。"

我也不打算过于具体地了解他在数学课堂上与数学老师的纷争，不方便过于具体地介入细节。这样问他："老师认为你当时做错了事情，请你站起来。你认为自己没有错，所以不肯站起来，对不对？"

他如遇知音，泪流满面。

"你知道今天你错在哪里吗？其实，学生在课堂上不专心听讲、做小动作，都只是小错误。我相信数学老师请你站起来也只是友好地提醒你认真听课。可是，你却那么固执，认为自己当时没有开小差，拒不起立。那是很不尊重老师。你有意见，可以选择解释。可以在课后解释，也可以在老师请你站起来后解释，但你沉默、抵抗。你可知道这样做多么危险？人们很容易误会你。误会可能产生很多不好的后果，这些后果会伤害你，但对这些后果最该负责的人其实就是你自己。"

他的激愤有些慢慢消解。

"以后觉得自己有任何理直气壮的理由，都应该好好表达，而不是这样生气地抗议。如果是你对，你表达出来，那么你就得到别人的支持与理解；如果是你错，你表达出来，那你也会得到解释。这样，你就不会独自生气了。"

他的神色渐渐平和。

"所以今天错的还是你自己。不好好解释，就生闷气。你生闷气，不了解你的人就觉得你很不讲道理了。老师希望你改改这个脾气。"

"待会儿数学老师来了之后，你要先向数学老师道歉。然后好好听取老师的批评，保证以后自己不再这个样子。"

不知道是不是勉为其难？他心里真的认可我的话了吗？只是他的神色舒缓许多。真担心他因一次别扭而记恨一个老师，从而耽误功课，那会很可怕。

课后，数学老师进来，他显然余怒未消，我先抢在他之前发话："×老师啊，刚才帆在我这里好好反思了，知道自己错了。他这就给你道歉。我相信他以后会好好改正这个缺点的。"

数学老师怔了怔，也立刻放松下来。帆在我的示意下，向老师道歉。老师也心平气和地教育他。

看着他离开办公室的背影，他长得都比我还高了，可到底还只是个任性的、爱发脾气的孩子而已。这个孩子，在家里得不到爸爸妈妈细致地呵护，他或许真的很不善于控制自己的脾气。对于他这样的孩子的脾气，是否一定要打击、一定要压制，还是不妨由着他释放一次，好好疏导一下呢？他心里的那些结，是紧紧捆绑着不让它松散不引发麻烦呢，还是及时解开比较好呢?

三、请你帮个忙

五年级下学期。帆在课堂上仍然目光游离，心神不定。我要很努力才可以做到不指责、不批评。一次次不点名地提醒："还有一个同学的眼睛没有看老师。"他也无动于衷。是我的课不够生动，还是他一贯不集中使然？到底是对这门学科不感兴趣，还是这个老师对他没有吸引力？还是，他对周遭的任何人、任何事，都不会关心、不会在意？

昨天的家庭作业，他都写错了。要求做的没有做，不要求做的却做了。关于作业要求，我觉得已经做得很到位了。我每天早早地把要求写在黑板一角，课堂上就留有时间让他们抄写作业要求。常常有孩子懒怠，也不跟他们计较，只要你记得住就好。几乎坚持天天给孩子们的家长短信通知作业内容，便于家长检查、核对。但是，帆，还是写错了！

我把他找过来，很温和地提醒他作业写错了，要求他按正确要求完成作业。我很注意观察他的表情，这一次，没有看到怨气和怒气。（他常常要在你的温和中莫名地生气）——非常可喜的现象！或许，因为最近几次的谈话？

他把作业及时交过来批改了，我表扬了一下，然后笑着对他说："不行，你不认真记作业要求，老师要罚你！"罚他帮我整理他们班的作业本。

我继续批改其他班的作业，良久，也不见他将作业本整理好。过去一看，原来他不会整理。真的不会！五年级的孩子，有着座位号的本子，居然不会整理！

我很犹豫地询问："你没有帮老师整理过本子？"

"没有！"他答。

虽然说着"罚"，其实是孩子非常向往的一件事情。给他任务，给他责任，给他荣耀——老师请你帮忙，可是，他居然从没有做过这件事情！我教他一年半了，请过无数次孩子帮我整理作业本。为什么我从来没有请过他帮我？为什么我每次请的都是那些乖巧的、可爱的孩子，而不是这样顽劣的孩子？那些被老师请过来整理本子的孩子，常常有机会跟老师交流，他们得到了更多的来自老师的温情与关爱。这些顽皮的孩子，他们除了被指责错误、被催讨作业，他们得到过这些吗？

深深反思。愧疚！

我细致地教他如何整理本子，然后很郑重地感谢他。最后，发出了这样一个请求："你看看，老师桌子上的作业本多乱啊！我忙着批，实在没有时间整理。你做好了作业，有空的时候，能不能来帮老师整理呢？"

这个请求，是信任，也是责任。

因为这一句"请你帮我这个忙"？这一天几次迎面遇上，他都能唤我一声"老师好"！因为感受到了被需要的快乐？因为感受到被赋予责任的凝重？他认真地、一丝不苟地进出教室、办公室，不断汇报作业本整理的进度，直到交来最后一本需要批改的作业。我郑重地向他道谢的同时，希望也能将明朗的心态、快乐的情怀植入他小小的心灵！

四、听你妈妈说

新学期开始了，帆读六年级了。有些意外，帆的妈妈打来电话，要来跟我说说话。

之前见过面了，这个对自己的人生充满后悔的妈妈。她自称"粗人"，确实直率得可爱。这个妈妈对自己的儿子已经无能为力，不知如何管教。她没有时间，白天要照管她那个小小麻将铺。孩子只好独自回家，胡乱弄点妈妈准备好的饭菜自己吃，然后就是玩电脑游戏。等她回家常常半夜，根本没有办法监督他的学习。妈妈也叹气："这个孩子一点也不懂事，一点也不像我那个女儿。"

我没有接她的话题。她却徒自怅然起来："也是我命不好。抛弃了女儿，跟现在的老公走了。女儿很乖的，已经考取了一个很好的大学。"原来她是再婚后生下的帆。可是，帆的爸爸嗜赌如命，何曾好好照顾家庭呢？帆的妈妈不无追悔："总之是我命不好。"

对她，心生怜悯。如果再婚后幸福一点、孩子乖巧一点，是否可以弥补当初抛弃女儿的追悔？如今儿子不乖、丈夫不顾家，多么可怜的一个女人！

我不敢要求她怎样加强对孩子的管理。她首先要生活，管好那个小店。不然他们母子俩何以为生？还要供养那个不好好工作的丈夫。

我也不敢去跟她讲孩子怎么样不好，不去刺痛她了。不去告状"孩子又犯错误了"，不去指责她不会教育孩子。有些事情，或许不去做比较好。

有些意外，她电话里说要来学校跟我"说说话"。其实我从来不是孩子的班主任，我只是他的英语教师，且教着三个班。教帆的三年里，他们的班主任换了三个，数学老师换了两个，唯有我这个英语教师却是没有更换过。或许因为是熟悉？其实也就见过几面；又或许因为都是女性，都是妈妈，她或许更觉得跟我交流起来比较安心？

我的办公室不在教室旁边的语文、数学教师办公室，平时会在那个办公室逗留，批改作业。真正的英语办公室远离教学楼，非常安静。

请帆的妈妈坐下。这个妈妈皮肤黝黑，服装粗糙，年龄要比帆的同学们的妈妈至少大十岁。所以，帆的妈妈第一句话就是拜托我："沈老师，今天我来找你的事情，你不要跟帆说。他不要我到学校里来，他不要我见老师。他嫌我太老太丑了。"

这样的话，从帆的妈妈口中说出来，刺痛的居然还有我这个母亲的心。天下的母爱都是一样的啊！这个妈妈或许没有文化，或许比较粗鄙，但爱孩子的心，应该是一样的啊！心酸。子不嫌母丑，可是帆却说这样伤害妈妈的话，妈妈还要尽力为他遮掩。可是，可以简单地斥责孩子"虚荣""不孝顺"么？如何面对他的质问"为什么你那么大年纪生我？""为什么你比别的妈妈老那么多?"是的,他没有选择父母的权利。可是,他的出生,是否经过他的同意了呢?做爸爸妈妈的,生下孩子的时候,考虑过是否有能力给予孩子安定、幸福吗?孩子真的是无辜的。他有他的自尊与骄傲。有时候,也不妨成全他这样的虚荣与骄傲。

心生同情。同情孩子,也同情妈妈。

我答应她:"好的,我不说。"

帆的妈妈其实也没有什么要紧事,絮絮叨叨,跟我闲话她的日常生活和在家里跟孩子的相处。她自己也知道孩子"可怜",每天放学后一个人在家,胡乱热点妈妈准备好的饭菜自己吃。后来她才发现孩子对电脑游戏迷得太厉害了。这个学期想了个办法,在麻将店旁边租了套小房子,新学期里就住在那套房子里了。"这样,可以给孩子做晚饭了,可以看看他写作业。"妈妈这样说着。我的心有些慌:怎么?让孩子天天跑到麻将店去?可是,不这样安排,又能怎么样呢?他妈妈已经很不容易,花钱租房子也是在尽力而为了。

或许,这已经是她做出的很大的努力了。我们应该和妈妈一起,在对孩子很失望的状态下继续保持希望,并努力将这些希望传达给孩子。

五、你能看见吗

注意到帆的眼睛近视已经好久了。他个子高,坐教室后排。我每节课都自制多媒体课件上课,字体设置到最大,他还是看不清。情绪好的时候,他还眯缝着眼看。有时候自制"眼镜",将两只手拉住自己双眼的外眼角,很可爱。情绪不好的时候,他索性什么也不看。

我一遍遍催他:"请妈妈带你去测视力、配眼镜吧。"

催了不知多少天,终于,看到他桌子上有眼镜盒了,他却很少肯主动戴眼镜。是不习惯,还是觉得戴了眼镜不好看?

课后他来批作业的时候,我会很认真地告诉他:"帆,你戴了眼镜挺好看的啊!"他不自在地笑笑,什么也不说。

慢慢地,上课的时候,在我提醒之后,他肯将眼镜戴上了。

有一次,实习老师上课,我注意到帆又没有戴上眼镜。他是个固执地拒绝眼镜的家伙,每节课都要我提醒他戴上眼镜,且语气一定要温和,不然他就要生闷气。一生闷气,不能好好听课的当然是他。

实习老师哪里知道他这些事?我蹑手蹑脚走过去,蹲下来,做做眼镜的架势,用手语提醒他戴上眼镜。他轻轻、急急地告诉我:"眼镜忘在家里了。"略一迟疑,示意他起身,帮他将椅子搬出自己桌后的空间,挪到过道里,示意他哪里能看清就将椅子搬到哪。

想让你好好听课,帆,就这样简单的想法。那么,你可以在课堂上接受知识了,而不是课后无休止的订正、补课,那样痛苦地折磨你和我。

六、能懂你的敏感

可是,这副在我关心下配置的眼镜,他居然为此而对我生气了一回。

是我敏感?明明留意到了帆上半节课时满脸的桀骜不驯。我反思一下,并没有任何让他不愉快的言行啊。这个孩子,我常常将他放在心上,理由有时候真的很单纯。心疼他。心疼他要面对那一对痴迷于麻将的父母;心疼他在麻将桌边长大的童年;心疼他不会接受爱不会表达爱。其实他都那么高了,快一米七的个子,真的比我高一大截,说心疼他,还真的有些不自在。他所有的不合作、不懂事后面,是否也有着他深深浅浅的伤心与心酸?

课结束的时候,我找帆要订正作业,轻轻地跟他闲话:"你这会儿脸上的表情多柔和啊,作业及时订正就好了啊。"他微微笑,有点扭捏与不自在。

"可是,上半节课的时候看你很生气呢。是吗?"

再不肯说心里话的他,也知道对我承认了:"是的。"

肯承认，也是对我的认可？他是否记得我多次的护驾，在他被其他老师严厉批判的时候？多次充当那个消防员，两边救火，再细细开导他，只求不要激发这个可怜的孩子脆弱的、异常骄傲的逆反心理。

"是为什么呢？难道是因为我吗？"如此轻松地询问，只因为能确定不是我。想一想，会不会上一节课老师批评了他？要好好开导他，他是个容易激进与叛逆的孩子。

哪承想他老实不客气地点点头！

我？

"刚才你让我戴好眼镜看黑板，照着上面的内容订正题目。可是那一题我又没有错。"他有些委屈。

我有些蒙了。回味一下，想起刚才是有这样一幕，讲评练习册时，有一个答案写在黑板上。我留意到他没有戴好眼镜，很随意地提醒了一句。他就为这个生气？

凝神，想想，明白了。我微笑着说："你对老师有误会了呢。老师提醒你看黑板，只是想让你自己确认一下那一题是否正确，而不是说你那一题错了赶紧订正，是你想错了。"这只是就事论事。"现在知道了，就别再生气了吧！老师当时只是想提醒你，没有批评你做错题目的意思。"

他释然了。我却忍不住跟他啰嗦："你是男孩子，凡事不要过于敏感，这对你不好。凡事要把人往好的方面想，尤其是面对爸爸妈妈和老师的时候。爸爸妈妈和老师都不可能对你存坏心眼，我们说你的时候，真的只是为你好。比如刚才，我只是想提醒你看黑板，你却把老师往坏处想，觉得老师在批评你，你就很生气，而且生了半节课的气。自己不高兴，现在又发现这根本不值得你生气。那都是你一开始就没把老师的话往好处想。一直这样生活，最不开心的就是你自己。"

他信服地点着头。

幸好，我的隐形眼镜很好使，坐在后排的孩子那样微不足道的不高兴的表情都能留意到。消除了一个不必要的误会，真是很美好的感觉呢。

帆，能读懂你的敏感，因为我也一直是过于敏感的人。真的能懂，也就能怜惜你的敏感，但更希望你拥有宽厚的胸襟，那会让你成长得更美好。但愿在你成长的路上，我能好好陪你这一段。

七、你也来自"地狱"吗

那天从教室里出来，沮丧至极。

或许，也遭遇"来自地狱的学生"？

在帕克·帕尔默的《教学勇气》里，曾经邂逅这样的"来自地狱的学生"。那个"来自地狱的学生"，把有着二十五年教龄的帕尔默先生完全给困住了。在漫长又痛苦的一个小时里，帕尔默先生把所有的注意力都投向了那个年轻人，竭尽全力想把他从僵化的麻木状态中唤醒。但是他越努力，那个学生好像越往后退。在帕尔默先生被这个"来自地狱的学生"困住的时候，他忽视了其他学生的需要，使得其他的学生都成了可有可无的人。

那节课上，帆就那样神情冷漠。他靠着椅子背坐得很舒服，脚往前伸得直直的，坐姿自在极了。整节课，他的眼皮耷拉，所有的教学活动，他都神游四方，拒绝参与——包括与同伴对话。

站在讲台上，我心乱如麻。

谁该受责备？是那个孩子吗？责备可以让他表面服从，但可以打消他的冷漠与无动于衷吗？一次疾风骤雨式的责备引起的后遗症——抗拒、排斥，多久才可以消化？

承认自己是个比较没有办法的教师，面对他一脸的冷漠，极度沮丧。所有的微笑、热情、温情，都对他无动于衷？深深自责——是我这个教师、我这样的课堂，不能吸引他？

课后跟班主任交流。在班主任的课堂上，帆的表现与在我的英语课堂上一般无异。

该怎样做才可以在课堂上吸引帆？

找不到答案。

课在一节一节上，日子一天一天过。我继续观察他，或许，先只能观察？

今天的课上，留意到帆积极参加同桌对话了。虽然只有他同伴举手，也请他们两人起来交流。不过很注意的是唤了他的名字："帆，请你们两位来。"而不是唤帆那个非常优秀的同伴的名字。

看到他眼里的一丝光彩，尽管微弱。

课在继续，看到了他之后犹犹豫豫地举手。尽管手臂歪歪斜斜，却能够确定他是准备独自发言。我微笑着说"帆，你是在举手吗？请你来为我们读一读，好吗？"第一次的声音很轻，微不可闻。不提醒他"响亮些"，怕惊扰他的敏感与犹豫，只是微笑着倾听。第二次发言时清晰许多，欣慰至极。

午饭后，请帆过来谈话。春日斜照的走廊里，安宁祥和。

我认真地告诉他："今天老师在这节英语课上非常高兴，因为看到你积极参与教学活动了。你知道吗？上节课上，你让我绝望极了。你一眼都不看我，真的很打击我。我曾经跟你们上过一节课，欣赏毕淑敏的散文《我很重要》。你现在确信了吗？每个人都很重要，都可以对身边的人产生重要的影响。比如说上次那节课，你的表现让我很失落，觉得自己的课堂不能吸引你。可是你今天这节课上的表现，让我感觉很高兴。"

他微笑起来。因为确信自己能在老师心里占一席很重要的位置？

是我愚钝？居然将这样的感受告诉孩子？可是不后悔。是的，想让他知道我的感受。虽然，不知道这样的"知道"，于他今后的学习态度，有无改善、进益，但总不至于会产生消极影响。

"老师，我今天看到刚也举手了，我想我也能行。所以我也举手了。"真可爱，把刚作为自己的参照对象？

"可是，刚也是个经常会开小差的家伙啊，你为什么把他定位成比较对象呢？"

他笑起来，"不是的，老师，其实我把嘉作为比较对象呢。"——嘉是个各方面很不错的男孩。他在心里把嘉作为自己的参照对象，证明他实在不是我印象中那个懒散的、疏于上进的孩子啊！为什么我会一直觉得他冷漠不求进取？我何曾这样走进他的内心世界？他事实上是表现出了懒散，但他的内心世界还是渴望着自己的上进，只是不能约束自己的懒散，不能及时地表现出自己的上进心啊！

帕尔默先生说："来自地狱的孩子"不是天生就是那种样子的，而是被他所不能控制的环境造成的。

这样的孩子，往往来自非常特殊的家庭环境。他们的内心充满了恐惧，却总是用冷漠、沉默、不思进取来掩盖那些恐惧。面对这样的孩子，究竟是要逃遁、忽视、回避、简单地呵斥，还是努力帮助？如何才能更好地洞察学生的真实状况？我是否真正能够倾听学生心灵深处的声音呢？

我那一次的聆听与表述，是否能够帮助到帆呢？

八、看不透你的心

批阅到帆的单元测试卷，我有些不置信，错那么多？而且，听力的填空题，一共 12 分，居然只填了两个，其余十个通通空着。即使英语成绩最差的孩子，这一题总可以得到七八分。他如何都空着？算一下他的总分，居然不合格！再浏览那些选择题、判断题，都是错得离谱。

面对这样一张试卷，我非常震惊！

知道他是个敏感的孩子，一直对他小心翼翼。

前几天春游，别的孩子都背着大包小包，唯独他什么都没带。中午天热的时候，他把外套脱下来，闲闲地拎在手里，故意不折叠，就这么由着那件外套曳地而行，很"少年"很"忧郁"。看他，是不再如他的同龄孩子那么幼稚。或许已经进入青春期？如此特立独行，我也理解。

我微笑着看他，那么潇洒地、寂寞地穿越草坪。这个孩子的心啊，总是让我捉摸不透。他上课常常走神，大多数时候不参与教学活动。他不讲话，无比淡漠地看着前方，目光游离。三年里，为他，记录过很多很多文字。一次次的琐碎，一次次的对话，一次次的梳理。他终于愿意主动接近我？常常为了同学没拿到作业之类的到处来找我，每次单独来见我的时候，眼神明亮、清澈，一个可爱的孩子，完全不同于课堂上那个"来自地狱的学生"的形象。我也很困惑，却找不到原因。

在不清楚的时候，我愿意沉默、守候与等待。

那么热闹的集体活动——春游，他不跟同学们坐一起，却偏跑到我身边，坐我旁边。

我轻轻地问他："为什么不和同学们在一起玩？"

他很不屑："跟他们没有什么好说的，没有什么好玩的。"

不爱跟同学们一起玩，不是错误与罪过。我不会因此而对他有意见，只是担心他。每次他跟我接触的课余时间其实也很短暂，或许常常只有三言两语，但还是努力传达一点点温情。

记得前几天，气温陡然升高，他还穿着羽绒服。课上看他满头大汗，让他脱外套，他坚持不肯，很奇怪。课后才反应过来他嫌弃羽绒服里面那件毛衣太幼稚，上面有着可爱的卡通图案。不打算嘲笑他，我轻轻地提醒他：明天开始里面穿一件运动服，外面披羽绒服。中午天气热的时候，可以把羽绒服脱掉。第二天开始，真的看到他每天一套运动服，外加一件羽绒服。

那么这一次，他这样答题，又是为什么呢？我不愿意生气、发火，于事无补，重要的是了解他、更正他、帮助他。

他站在我旁边，已经是气宇轩昂的一个少年了。我轻轻地问他："为什么这里这么多题目都空着没有做？"

他朗然回答："因为你在读听力题目的时候，我在做笔试题目。"

简直要晕倒！我在读听力的时候，他在做笔试部分？也就是说，所有的听力题目都是后来胡乱填的？"那么，笔试部分的题目你是认真做的吗？"我追问他。

他答："所有的选择题和判断题也是乱做的。"

"为什么？孩子，告诉我为什么？"

原因很简单："那时我就是不想好好考试，又不是正式考试。"

"可是，单元测试可以帮助你了解自己这一单元的学习情况啊！测验的结果不是给老师的，而是给你自己的。每一个同学，都可以通过单元测试的成绩，基本知道自己对这一单元的知识点的掌握情况，然后再做必要的补习与调整，这个能理解吗？"

其实哪里需要我讲这么多道理呢，只是一时的意气用事吧？是孩子的任性吗？

"你说，那天情绪不好，不想好好考试，那么现在呢？老师想给你一张空白卷，请你认真补做一遍，你愿意吗？"

他点头，平静接受，留在我办公室补完试卷。

等他答完试卷，给他再批一遍。然后让他对照两张试卷，优劣自明。他答应以后会好好面对每一次测验。不仅仅是英语，语文测验时也出现过这样的情形，有一次语文期末考试，他的作文是空白。

目送他离开办公室，我怔忪不已。孩子，我可以不生气，可以耐心地陪伴你补完试卷，可是我知道，我一点都没有真正帮到你。为什么你会那么做？我这样不生气，把它理解成是你的一次任性，是不是对你的姑息？

我的目光可以穿越你的试卷，悲哀的是，我却走不进你的内心世界；而更悲哀的是，我真的知道，你很需要一个值得你信赖的人，帮助你走出少年时代的雨季。

九、担心你的以后

早晨正在批作业时，依稀听到帆对班主任的出言不逊——没听清句子，但语气、语调自然能感知，而他的班主任，一贯温良谦和，也忍不住生气起来。

帆扬长而去。

我看着他的背影，担忧起来。他如此敏感、叛逆，受伤的是被他无礼冲撞的老师，也一定会是以后的他本人。我们——只不过是他还有13天缘分的小学教师而已。他漫长的青春期，会如何度过呢？

过了会，借问他收作业本的缘由，我去他们教室找他。一边陪他订正作业，一边这样说："刚才老师听到你对班主任很不礼貌，这样的态度是不对的。究竟是为什么呢？你愿意跟我谈谈话吗？"

他点头，跟我到办公室。现在是早操时间，大家都出操去了。

不想问他究竟说了什么不敬的话——重复听，于我，都残忍。

这样问："你一大早就生气，为什么？"

"因为今天早上我在学校里听到了一些话，所以对班主任很生气。"

"你听到的话，未必是真相。你究竟听到了什么？"

"班主任给其他同学的爸爸妈妈只发了一条短消息，给我的几个好朋友们却发了很多条短消息。"——他以此来推断班主任针对他？这样敏感！

"首先，班主任给家长发短信，一般是群发。当然有需要单独交流的家长，班主任会单独联系。在你眼里，你的同学分成两拨，一拨是你的好朋友，一拨是你的普通同学。可是，在班主任眼里，他也会把全班学生分成一拨是你的好朋友，一拨是你的普通同学吗？"他笑起来。

"不管你自以为你有多成熟，事实上你只是一个13岁的孩子，而班主任是一个成熟的成年人、成熟的教师。以你一个孩子的眼光去猜测老师的行为的出发点，未必正确。这个你承认吗？所以，你说老师给同学们的爸爸妈妈发短信有区别是针对你，这是没有根据的，只是你的猜想。"

他有些释然。

当然要了解，究竟是什么短消息，他如此耿耿于怀？

"班主任告诉我们的爸爸妈妈，说最近不准带手机到学校，原因是有同学互相乱发一些莫名其妙的短消息。"

"这是正确的啊，马上要毕业考试了，静下心来复习很重要。"

"可是，我的好朋友的爸爸妈妈收到短消息后就问我的朋友，大家究竟在发什么短消息。这样话传来传去，就说成了是我在发一些短信息。"

"到底是什么短消息呢？"

"就是我问阳要女生舒的照片的消息。"

"你为什么要舒的照片呢？"

"因为我 QQ 上的两个朋友，他们也都是六年级的，一个在苏州，一个在张家港，他们问我要我的同学的照片看看。"——六年级的孩子有网友，有些夸张，但不予批评。

"那你可以选择发集体照给他们看啊！"

"可是我电脑里没有集体照。我就找了几张同学的照片给他们看了。他们还要看舒的照片，我没有，我就问阳要舒的照片。"

"可是，你的网友们怎么会知道有舒这个人呢？"

"因为我会提起我的一些朋友们啊。"

他神情自若，我也微笑起来："帆，你是很喜欢舒吧？因为喜欢她，所以一直跟你的网友们提起吧？所以想给他们看看你喜欢的女孩子的照片吧？舒是一个非常美丽、可爱、文静、优秀的女孩子，每一个男孩子都会喜欢她的。你喜欢舒，老师一点也不意外。这是多么美好的感情啊！你比别的孩子早成熟，你开始喜欢可爱的女孩子了，这很正常。在你的成长过程中，你或许还会喜欢别的优秀的女孩子。"

听我如此侃侃而谈他的"喜欢舒"是很美好的，他有些意外——刚才他的表述多么遮遮掩掩啊！

我继续："可是，帆，你能确信舒也喜欢你吗？"

他犹豫。

我很残忍："我可以明确地告诉你，舒是不会喜欢你的。"

"大多数女孩子在读书的时候都会喜欢那些成绩优秀、尊敬老师、团结同学的男孩子。你想想你自己，读书不认真，经常跟老师闹情绪，考试的时候也经常使性子，常常空着题目不做。这样的男孩子，优秀的女孩子是不会喜欢的。"

"老师知道你喜欢舒，这真的很好。你应该看到舒的优秀，然后努力也让自己优秀起来，得到老师、同学们的一致赞赏，这样的话，不仅仅舒会喜欢你，其他优秀的女孩子也会喜欢你。"

他茫然，似有所悟。

"老师找你谈话，你很愿意，而且把心里话跟老师说，我很感动你很信任我。你可知道老师一直多担心你？上次就跟你说过，你是男孩子，别太敏感。你答应过的，可是，这次还是因为敏感而多心、做错事情。首先，班主任发短消息是否分层次，没有经过证实，只是你的猜想；其次，即使班主任发短消息有区别对待，也未必与你有关，你以为班主任针对你，也是猜想。这些猜想，都源自你的敏感。因为这样的猜想，你一大早就对班主任怒气冲冲出言不逊，非常无礼地冲撞老师。这就是你今天犯下的错误。"

他安静地听，然后说："我知道了。"

"那么，待会儿去向班主任道歉。做错了事情要承担责任。"

他倔强地拒绝："不，我不去道歉。"

"知道错了也不愿意道歉？"简直不能相信。

"就不去。"

轮到我茫然地看着他。帆，你如此倔强，我怎样可以说服你？与你相处的日子，只剩下这最后的 13 天。即使你不去道歉，班主任也非常宽厚，早已经原谅了你的年少无知，可是，你此后的人生遇到的所有人都可以像班主任一样无条件地原谅你吗？你这样放任自己，我和你的班主任有多担心你的未来，你可知道？

十、你是那朵提前开放的花

美国年度教师贝特西·罗杰斯的名言让我刻骨铭心："孩子就像玫瑰花蕾，有不同的花期。最后开的花，与最早开的花一样美丽。"从此，在那些迟开的花朵面前，总是愿意让自己在长久的期待中酝酿更多的惊喜。

可是，潜意识里，有没有将罗杰斯的句子狭隘地解读成"最后开的花才美丽呢"？

那朵最早开的花呢？那朵在它的花期到来之前就提前开放的花，是否太突兀会让人措手不及呢？

或许，帆就是那朵提前开放的花。

帆是一个提前进入青春期的男孩子。敏感、多虑、懒惰、冲动——他的内心世界里，有时住着魔鬼有时住着天使。真的心疼他，然而可以帮助到他的地方实在有限。

我知道教育不是万能的，也不苛求自己做到完美，但还是常常惆怅地看着他的自我挣扎。

不可避免地，他喜欢上了一个女孩子。于青春期的男孩子，也是自然。他不再是小小孩童，而是一个少年了。

我从没有为此大惊小怪、嘲笑、批评、羞辱过他。相反，我认真地告诉他："这是非常美好的感情，希望你能够借此让自己变得优秀起来。"

今天的课上，讲评家庭作业试卷。试卷上要求默写单词，帆没有默写。课后，请他去我办公室补默单词。

他答应了，却拿了试卷在教室里晃来晃去。最后，晃到女生舒（化名）

跟前，问她借笔。舒表情很别扭，把笔递给他。

帆离开教室了。我把舒唤到安静的走廊尽头，对话。

"舒，帆经常这样故意接近你吗？"

她苦恼地笑笑："是啊。"也有些忧虑。

看着她，我微笑起来："舒，你这么聪明、这么可爱、这么漂亮、这么温柔，男孩子们喜欢你是很正常的。他们喜欢你，记得别笑话他们，也别告诉同学们。但是，你要学会适当地保护自己，不然会被一些不懂事的男孩子过于纠缠，会影响到你的学习的。"

舒安静地看着我，满眼是释然之后的欢欣。

"对那些喜欢你的男孩子，你要保持礼貌，但是别过分友好。有的男孩子会把你的礼貌看成是喜欢，会对你纠缠不休的。比如，帆下次再找你借东西，你就别理会他。还有，平时尽量不要单独行动，即使在校园里。无论是上厕所，还是去老师办公室，尽量请一个要好的女伴陪着你。"

……

正絮絮叨叨呢，大概帆的作业补完了，他走出办公室，看见我们在谈话，径自走过来，将手里的笔在舒眼前晃一晃，脑袋贴着舒的耳朵说："我把笔还给你，放你桌子上啊。"

——他是情难自禁？一个男孩子喜欢一个女孩子，这样的表现或许也正常。

可是，舒的努力躲闪我也看在眼里了。

帆走了，我问舒："帆他经常这样靠近你？"

"嗯。"舒很烦恼，"我总是躲开他，可他还是一直这样。"

我想想，接着说："舒，你现在长大了，一般情况下不可以让男性触摸到你的身体。当然，握手的时候例外。如果有男性这样故意触摸你的身体，记得及时跟爸爸妈妈反映，寻求他们的帮助，由他们出面和老师交流怎样处理这种事情。不要闷在心里不说出来。记住，爸爸妈妈是你生命中最重要的人，最值得信任的人。"当然也告诉她，"但是情况要区别对待，如果有的男孩子毛毛躁躁不小心撞到你，要懂得那是人家无意的，别往心里去啊。"

舒微笑着听我说。

美丽可爱是无罪的。舒，不想你小小年纪，因为有男生的爱慕，而自责、困惑、茫然。因为，老师曾经经历，那些自责因为没有人疏导，很多年里，一直是青春期刻骨的疼痛。

与舒挥手道别，我再找帆谈话。

连续四节课，这是第三起学生谈话了，嗓子累到真的不想说任何话语。

"帆，你过来一下，老师跟你谈谈话。"

他安静地走过来。

搬了椅子过来，让他坐我身边，对话。不喜欢我坐着他站着的姿态，那会让我有审视孩子的感觉。

"帆，老师知道你很喜欢舒。舒这么可爱，每一个男孩子都会喜欢她的。老师一点也不觉得奇怪，这很正常。老师希望你能为了让舒喜欢上你，自己各方面表现得更优秀一点。"

他那样叛逆的孩子，如果一开始就否定他指责他，会很糟糕的。事实上，我真认为男女生之间的爱慕很正常很美好。

帆也安静地倾听，神情舒朗。他这样的神情其实不多，总是怠懒的，或者愤怒的。

"可是，帆，大家都长大了，再不是小时候了。你们小时候老师会要求你们手拉手，可是现在老师不会再提这个要求了。古时候有句话说：男女授受不亲。就是说，男女之间不是亲人，一般不可以有身体接触。我们现在不会如此古板，正常的握手都是很文明的礼节，但我们还是要注意一般情况下异性之间不可以有身体接触。特别是你们现在长大了，要小心，不要随便碰撞到女孩子的身体。可能你无心，但是女孩子们会讨厌这样的动作的，她们会生气的，因而会讨厌你的。"

他那么敏感的孩子，马上反应过来："老师，我刚才也没碰到舒啊！"

还没有碰到？已经好几次有同学跟我讲了，刚才我也看到他的脸贴到了舒的耳朵上。

但是不准备就这个细节与他无谓地纠缠。我想要传达的是我的观点，不是就事论事的批评。批评，他会本能地拒绝接受；而温和地传达观点，或许能够潜入他的内心世界。

我微笑："老师只是提醒你啊！"

不寄望一次谈话可以给他产生多么大的影响力，只是希望，这些句子，多多少少，能够存留在他心头。

还有十天，我们一起共度的在校生活。他的花期已经提前来到，他的爸爸妈妈，准备好了吗？他自己，准备好了吗？不无担心。太知道他的家庭了，而我，对这个孩子，除了揪心，还是揪心，然后，就无能为力。

青春期那么漫长，帆，你这朵提前开放的花，谁来精心呵护？

还是罗杰斯说的："作为教师，我的职责就是为每一个儿童找到掌握必学技能的最好方法和资料，同时帮助他们完成社会性发展与情感发展。"

帮助学生的情感发展。我再温习这句话，然后铭记。

十一、祝福你的运气

我会将来不及完成的工作带回家，比如偶尔的备课、课件制作、批阅试卷——不是"奉献"，理解成自己的工作效率尚有提升空间。

下班后，不仅时间应该属于自己，情绪也该如此。很少会把对一个学生的焦虑带回家。如此泾渭分明，自己也讶然。

然而，昨晚，为帆，我居然怔忪不已。

昨日毕业模拟考试，帆的英语考了 16 分。他的成绩完全不至于如此糟糕，如果他正常发挥，取得"良好"也是情理之中。我细细研读他的"答题卡"——类似高考的答题卡，太不解：

在需要用铅笔涂黑的选项旁边，他违规用钢笔写下正确答案。然后，再刻意地用铅笔涂出不正确的答案。也就是说，先认真答题。这一题的答案如果是 C，他就选 A。很成功，70 个单选题，他仅答对了 16 分。换句话说，真实情况是他做错了 16 分。

然后，剩下的 30 分，一分未得。需要写词组的地方，他将左边一题的答案写在右边一题上，右边一题的答案写在左边一题上；剩下的就是空白，或是一大串胡诌的词句。

面对如此突兀的答题卡，久久无语。

当然先自省。

知道他不肯认真答语文卷已是好久。很多次的语文卷，他作文就是一字不写。虽然不是班主任，虽然不是我的学科，也曾去跟他交谈过，试图表达我的担忧与关心。

未承想，在毕业考试前的最后一次模拟考试前，他居然也以这样的态度对待英语学科。我了解到的情况是：这次的语文模拟考作文没有做，其他题目大半空着。可是，如此让我难堪的是，他数学考试情况至为正常！

真的不懂为什么，而且，真的不能接受。对帆，我可以毫不心虚地说，三年来足够用心用情。一直心疼他糟糕的家庭教育情况，没有完成作业会耐心提醒他补上；跟其他老师有不愉快会及时疏导；犯过错时会温言教育；与同学相处有矛盾时善意提醒；青春懵懂期爱慕女孩子给予正确引导。

真的真的，用心用情啊！

浓重的挫折感啊！挥之不去。想不出怎么跟他谈话，选择了缄默。昨天成绩出来之后没有去找他，也不打算今天就去找他谈话——在我想好说什么之前。

然而，今天早上，帆却情绪很好地与一个同学来办公室找我——英语口试。望着他那般明朗的神情，无法适应。

　　孩子，到底是怎么回事？

　　不是刻意，却无端将话题引到试卷上——是我沉不住气？是我太不甘心？是我太想知道为什么？

　　"帆，老师真高兴你这么主动、积极来参加英语口试。可是，昨天看到你的试卷，我真的难过极了。我很少失眠，可是我昨天真没睡好觉。究竟是怎么回事？为什么不好好答题？"

　　他歉意地笑笑："老师，当时我太累了，不想做题目。所以趴在桌子上睡着了。"

　　他歉意的笑容，让我安心不少。他一直知道我对他的好，我也一直能确定孩子可以感受到我对他的好。可是，为什么用这样的行为来表达？他究竟想表达什么情绪？

　　"我知道这不是原因，因为你都是故意做错的。你考不好，老师本人其实没有损失的。最大的损失会是你自己啊！每个人都应该努力追求优秀，老师也如此。作为一个学生，努力追求学业的优秀，是最基本的。如果你已经努力了还达不到优秀，这没关系。可是，你故意要表现出不优秀，我实在不能够理解啊！"

　　他居然这样回答我："老师，我才不要学业上的优秀呢。我们班那些学习成绩好的同学，他们都很俗；而我，在其他方面都很优秀的。"

　　为他如此可爱、坦率的回答几乎要笑起来，他终究是个孩子。

　　"是因为不喜欢那些学习成绩好的同学，所以故意标榜自己成绩不好吗？如果一个孩子学习成绩好而品性不好，当然不能算是优秀。可是，你也不应该因为不屑于他们的品行，而连自己的成绩都故意糟蹋啊！学业优秀将来不一定人生就成功，可是，学业优秀能够帮助你取得成功的人生。"

　　"我不要成功的人生，将来能养活自己就好了。"

　　够顽固！

　　"养活自己你以为很容易吗？你至少得有份工作，才能养活自己。你这样的成绩，连中学也考不上，只有小学毕业，你能找到什么工作？现在很多单位大学毕业生都不要，他们要招收硕士博士。你长大后自己也要当爸爸的吧？不准备养活自己的孩子了吗？光养活自己就可以了吗？"

他嘟嘟囔囔："我知道。我有亲哥哥亲姐姐，他们都在读大学。"

有哥哥姐姐是什么意思呢？我知道他复杂的家庭关系。

"我有亲哥哥亲姐姐，以后我不结婚也没有关系。传宗接代的事情有他们呢，我就养活我自己就好了呢？"

这是什么跟什么呢！越扯越远了。

"好吧，以后的事以后再说。换句话问你，想不想读中学？你现在想想小学毕业后整天待在家里玩电脑游戏很开心。可是，当你的好朋友们都去读中学的时候，你成天一个人晃来晃去不寂寞吗？"

他的神色略有松动。

"刚才你说，你看不惯班上有些成绩好的同学，觉得他们很俗。因为不屑于他们的俗气，你宁愿糟蹋自己的成绩。可是老师告诉你，人一生中最重要最好的朋友，一般不是在小学，也不是在大学，而是在中学里结交的朋友。因为小学时候大家都太幼稚；大学同学都来自五湖四海，很多人大学毕业后会回家乡；家乡的中学时代的同学，就会成为一个人一生中很重要的朋友。你真的不想读中学吗？"

他嘀咕着："那我只要考及格就可以进中学了。"——看他的神色，知道他的鬼主意，毕业考试时候他会计算成绩答题，估摸着及格就好。我存心欺诈他，大概他不知道九年制义务教育的权利？"你以为只要三门功课都合格就能读中学啊？比如市一中，他今年只收 300 个学生，而你，尽管每门功课都及格，可是分数排第 301 名，那么，市一中就不会收你呢。到时候你怎么办？"

他略微有些骇然的神色。

我微笑，也叹气。"帆，好好用功吧，还有 3 天。以你的基础与聪明，每门功课考到'良好'是没有问题的呢。老师相信你毕业考试会好好考的吧？"

他点头，认真地说："会的。"

真会认真考么？愿意这样相信你，帆。为了你自己。

终究不甘，问了个很愚蠢的问题："帆，你为什么数学考试却肯认真做？"

他笑笑："为了不想对不起高老师啊！"

震惊！

"为什么不想对不起的老师只有数学老师？为什么你不怕对不起我？"

他渐渐顽皮地微笑："因为，因为高老师不怎么说我的。如果我不做作业了，他也只是让我补一下而已。"

我很不服气，追问他："你英语不做作业，我也从来不批评你的，我也只是让你补一下而已。你为什么不怕对不起我？"

我真的感到震惊与不甘心。我教了他三年，对他日复一日的体谅与关心；高老师才教他半年。他唯一想到不要对不起的人是高老师，而不是我！

谈话的氛围一直很好。帆也终究愿意向我倾诉。

他这么答我："因为，因为，我不习惯别人对我的好。"

我呆住！定定地看着这个孩子，这个比我长得很高的男孩子，他说"我不习惯别人对我的好"。懂得。三年了，当然懂得他这句话的意思。他的家庭教育环境很糟糕，他与爸爸妈妈的亲子关系也比较麻烦，他每天晚上习惯一个人出去骑自行车，他好几次单独对着我痛哭——可是，他还是不习惯别人对他的好？是——不习惯我对他的好吗？

敏感如我，当然留意到每次与他谈心时候他的不自在。可是我终究漠视了那些不自在。

内心深处，他懂得我对他的好。可是他实在不习惯我对他表达的好？而率性宽厚的高老师是个男教师，每一次帆的那些显而易见的缺点与过错，高老师都不需要与他单独交流就真正谅解？因为这样，帆在高老师面前或许更自在更疏朗？因为我了解他太多，因为我太容易发觉他的情绪起伏，因为我太及时表达我对他的关心，会不会让他在我面前反而不自在？

足以自鉴：过于直截了当地表达对孩子的关心，即使善意，是否一定就是孩子需要的情感？

当然还有痛。

帆比我聪慧。小小年纪，居然如此真切表达出自己的真情实感。

是因为有我如此温情脉脉，他才梳理出来表达出来？

先自嘲，然后共情。

帆不知道，他的老师——我，其实跟他一模一样，从来不习惯别人对自己的好。或许我的童年跟他的童年有某些相似之处？所以会对孩子们敏感，会更怜惜那些家庭教育环境糟糕的孩子。

想起最近日日读的朋友的赠书《少有人走的路》里的句子：

"为什么有的人成长于没有爱的环境，经常遭受别人的忽视和虐待，却健康地度过了童年和青春期？他们长大后，即便没有接受过心理治疗，没有得到更多的爱，仍然成长得健康而自在，甚至接近完美呢？"

当然今时今日的我性情不能算"完美"，但至少也"健康而自在"。至好的朋友也曾经追问过缘由，总是没有答案。如今读此书，才日渐懂得：摆脱童年经验的"小宇宙"、父母似是而非教导的"小宇宙"，需要足够的智慧——或许不仅仅是智慧，有时候简直是运气！

我是那个被一个朋友称为"运气"的家伙，那么，帆，他是否也有足够的"运气"，健康地度过童年和青春期？帆是否也有足够的"运气"成长得"健康而自在"呢？而我的所谓的"运气"背后，是多少刻骨的痛？帆呢，在得到"运气"或者自行修得"智慧"之前，要经历多少痛呢？

我居然怔住，在听到他说"不习惯别人对我的好"的时候。

我轻轻地对帆说："在你成长途中，还会遇到很多很多问题。如果以后需要找老师倾诉与帮助，给我打电话、发邮件或者 QQ 留言。你，愿意吗？"

帆微微笑："会的，老师。"

祝福你，帆，希望你也是那个有"运气"的孩子。祝福你有好运气。

十二、真的在意你

其实我更在意分数以外的东西，而在美国 2000 年年度教师、"55 条班规"创始人罗恩·克拉克那里，似乎找到了从未有过的坚定的理论依据。他说："我把教室变成了一个家，这样我们所有人都要对每一个人的成功负责，我们总是相互提携。教室里每天都充满了鼓励和激情。当孩子们处在这样一种氛围中时，他们就会更加努力，他们就想学到更多东西，他们的学习成果就会体现在考试分数上。"美国的基础教学其实不像我们以为的那样随意，他们也有统考。面对即将来临的州统考，克拉克还在花时间教他的学生那著名的 55 条班规，校长对着他也是大发脾气！然而，克拉克坚持着他的规则。比起分数，他更在意要让学生建立自信和自尊。

我也在意很多分数以外的东西，在意一些非常微不足道的细节。

午餐才结束，帆和彦一前一后追逐着出了教室，我还在整理我的饭盒。追逐也是孩子们的乐趣之一，我微笑着目睹他们离开教室。可是，走在前面的帆，在临出教室时，顺手将门摔上，砰砰作响。彦追上去，用力拉门，幅度也不小！

我叫住了走在后面的彦："你去请帆过来一下。"

他答："好。"

一会儿他就独自回来了："老师，他不来。"

"你再去请一下。"

这次，帆回转身来了。我很温和地问："彦来通知你，老师请你，为什么不来呢？"

孩子可爱地回答，这个答案几乎一直所有的孩子都会说："我怕他是骗我！"——喔，不是有意轻慢老师哦！孩子的心思实在有趣。

　　我告诉他："以后遇到这种情况，记得要先来找一找老师。如果是他真的骗你，你再可以去问他。知道不知道？"

　　他大大方方看着我："知道了。"

　　我继续："你知道老师找你想说什么吗？我想告诉你：教室的门不是玩具。你们在追逐打闹的时候，别把门当玩具。门会损坏的，知道不知道？"

　　"好，知道了，以后不了！"帆朗声回答，看着我，神态自若。那一刻，我感动得想笑啊！

　　看着这个身形几乎跟我一样高的男孩子，能够如此神态自若、大大方方跟我对话，真的很感动。他，果然是进益了呢！

　　为了他跟老师对话时的表情与神态，我不止一次找他交流。一次次强调老师对他批评教育时的善意；一次次把他塞在裤兜里的双手拉出来；一次次提醒他抖动的双腿要站好；一次次"命令"他必须用语言来回答我的任何提问而不是点头或摇头；一次次强求他的眼睛必须看着我。我要他看到我眼睛里流露的关心与爱护，我要他感受到老师的鼓励与信任。

　　如今，他能够微笑着看着我，谦逊地、温良地、有礼地跟我对话，哪还能跟两年半前那个在老师面前扭捏不安、满脸怒色、从没有微笑，回答询问时声音低不可闻的孩子对应起来啊！

　　美国著名教育家黛博拉·梅耶尔说："考试分数并不是影响学生离开学校后干得怎么样的最大因素，也不会影响到我们在创建怎样一个社会。真正起作用的，是我们所有人都关注的那种考试测不出来的东西。"分数从来不是我最在意的。事实上，罗恩·克拉克也说过："如果我们所有的教师都是满腔热情、才华横溢，不仅熟练掌握课程，还热心于对孩子施加积极的影响，就没有必要那么强调考试分数，因为考试分数自然会高，且孩子们会更加喜欢学校，更加尊敬教师，发自内心地积极进取。"帆的英语成绩在逐步上升，他再也没有不做家庭作业了，订正作业也能及时完成了。每次的测验，也从开始的合格，一路上升，连续几次接近优秀。

我在意的，其实就是孩子如此这般的进益。坦然跟老师对话、交流，从容接受老师的提醒、批评，在老师面前不拘谨、能自如地微笑，这个很重要，帆，我真的很在意你这方面的进步与表现。

感悟

帮助我的学生长大后应对真实世界的挑战

文明的延续有赖于礼节的存在，无论我们发展到何等先进的地步，作为教师，我都不想看到我的学生只关心分数与输赢。我在意我的学生能知道尊重自己；能感激别人的馈赠；能感动别人的付出；能回报别人的爱与同情；能与其他人保持良好的人际关系。

教育基于真善美，直抵人的心灵，教育直接面对每一个正在生长中的生命。在小学阶段，教育的形式也许比内容更重要。让每一个孩子都珍视自己的人格尊严，都对世界有细致、诗意的感受，始终对自己的学习和生活充满肯定和热情，真的是我最在意的。

直面每个孩子的处境和心灵，给他们爱与温暖，或许，能帮助我的学生长大后应对真实世界的挑战？

接受你（我）的错误

教育是一个掌握种种细节的需要耐心的过程，一分钟，一小时，日复一日的循环。

——怀特海

一

我带的这个班级，是五年级时新成立的班集体。他们来自全国十几个省份，一年多的学校生活之后，教师、孩子、家长们，彼此走得越来越近。而真正的教育，也的确只可能发生在融洽的师生关系或者亲子关系中。

那是从一次家长会开始的故事。

男孩南（化名）一向非常优秀，不仅学习自律性强，且成绩优秀，体育成绩也突出，性格又大气、沉稳。南爸南妈是在园区打拼了十年的新苏州人，两口子都十分上进，日子也过得越来越好。

家长会在周四傍晚。南妈提前到达教室，恰好碰到她急着想见的男孩成（化名）的妈妈。成是个让爸妈和老师操心的男孩，无论是作业质量、学习成绩还是各种行为。成爸成妈是极明理的人，非常尊重教师的诸多建议。成和南都喜欢体育，两个孩子也就成了好朋友。

我听到了南妈的叙述：昨天晚上，她在南的房间里发现 200 多元。南说是好朋友成寄存的。南答应妈妈把钱退回给成。南妈非常友好地叮嘱成妈，不可以如此大手笔给孩子零花钱。成妈一脸诧异，非常坚定地宣称："家里若丢个 10 元 20 元或许还有可能，而丢失 200 多元则绝无可能。"

家长会后，我回到家已经快晚上 8 点了。成妈给我电话，说问过成了，成说钱是南自己的。成还反映了一个细节：今天早上南还特意嘱咐他，如果家长会上南妈问是谁的钱，一定要成承认是他自己的，钱也已经由南退给成了。成很内疚，因为答应了南要承认钱是自己的，但最后却向自己妈妈说出了实话，觉得对不住好朋友。

成的这个心理活动听起来倒是很真实。

二

第二天（周五）下午，我抽时间找两个孩子了解情况。南和成各自咬定钱是对方的。让他们当着我的面对质，个个说得头头是道，不乏很多细节描述。

刹那间我有些一筹莫展。200 多元钱到底是谁的？现在钱在哪里？谁在撒谎？

想了想，把他们分开单独询问。成反映的一个细节引起了我的注意。他说：南好几次拿着钱去同学华的妈妈开的小店里买网络游戏用的卡，有一次他亲眼看见南拿了张 100 元大钞去买的。

于是我询问华。华说确有此事，且不止一两回。他说南拜托过华妈不要跟南妈提起此事——他们是一个小区的邻居。

我不由地非常意外。南是那么聪慧、优秀的孩子，居然为了玩网络游戏可以撒谎——说钱不是自己的，且要人替他承担责任——让成承认钱是他的。而且，这钱的来源更可疑。

我打电话联系南妈。南妈是一个非常明理的女性。她跟我交流了一个细节：住在她家里的妹妹（南姨妈）莫名其妙在家里丢失过 50 元，暑假里南为贪恋游戏也被爸爸狠狠责打过。她非常难受地说："估计是南拿了自己家里的钱。我自己做生意，的确从来不清楚钱包里的现金。"

南妈又跟华妈电话确认了买游戏卡的事，然后赶到学校里，单独找南交流。可是，无比气恼的是：孩子就是不承认！南声称游戏卡是帮朋友买的，钱是朋友给的，而这个朋友，还是另外一所学校的孩子。

南妈无计可施，非常郁闷，说只能等南爸晚上回家后交流此事。我捕捉到一个信息：南爸对孩子的要求极高。

晚上，南妈给我电话，说两口子做孩子思想工作，孩子就是不承认。最后南爸只好动手揍南，一开始南还是不承认。到最后揍得狠了，孩子才承认此事。

我非常诧异了——不仅仅为南犯错误，更是为他的拒不承认错误。他在学校里，绝对是个好孩子，非常明理、豁达、懂事。

南妈跟我说：南觉得自己这次没脸见人了，他说想要跳楼。

我吓了一跳，赶紧跟南通电话。

三

我问南："为什么爸爸都动手揍你了，你还不承认错误？是不是怕承认后爸爸会揍得更狠？"

他的回答令我心惊："不是的。我觉得承认错误很丢脸，很没面子。"

联系到跟南妈对话的很多细节，我突然觉得问题的根源有可能在南爸身上。为了查找孩子问题的源头，我跟南爸通话，并要求他回避孩子。

我问南爸："你是不是容不下孩子的一点点错误？是不是孩子犯一点错误你就要批评、指责甚至武力镇压？"他很诧异，反思了一下，才犹犹豫豫地回答我："是的。上次南因为偷偷上网玩游戏撒谎了，被我狠狠打了一顿。还让他写下一张大字'撒谎是可耻的'贴在他房间里，让他天天看着。"我忍不住叹息："天天看着'可耻的'三个字，孩子潜意识里大概会觉得承认错误也很可耻，所以坚决不肯承认错误。"

南爸继续："我性子是比较急，我在单位对下属也这样。"我忍不住纠正他："可是南不是你的下属，他不是成年人，他是孩子。孩子的成长过程就是不断犯错误的过程。南虽然各方面都很优秀，但你要接受他就是个普通孩子，他就是会不断犯各种各样的错误。面对他的错误，家长要尽可能地心平气和。尤其是，男孩子到了十二岁之后，再不可以对他动手了。"他很有些羞愧。我继续："他撒谎更加不对。可是你要想想，孩子为什么会撒谎，很多时候根源都可以追溯到父母身上。"我更忍不住问："你小时候自己父亲是不是也这样对你？"他想了想回答："基本这样。"我忍不住叹息："很多人都会复制自己不喜欢的模式。比如你小时候，也一定不喜欢你父亲的简单粗暴吧？"

南爸答应我：以后再不对南动手。

我再跟孩子电话——这个晚上跟他们一家三口电话热线了。

我正色教育孩子："迷恋网络游戏，并为之偷拿家里的钱，撒谎——说钱是成的，这都是很严重的错误，希望你再也不要犯这些错误了。但是，犯错误不丢脸，承认错误更不丢脸。重要的是在别人指出你的错误之后要虚心接受，并在以后努力不犯同样的错误。今天老师发现你更大的问题是：不肯承认错误。这太可怕了。"南说："我爸爸不能接受我的任何问题。只要被他发现我的错误，他经常会讽刺我、挖苦我，甚至打我。我觉得承认错误是很丢脸的一件事。"是因为觉得承认错误很可耻，所以才坚决不肯承认犯错误？如果养成习惯，对孩子以后的学习、生活都将带来巨大的问题与麻烦。

我很心疼，心疼这个今天犯了大错的孩子："南，你虽然平时各方面很优秀。但是，你只是个普通孩子，你要允许自己犯错误。有一句话送给你，你跟我念：我是个普通孩子，我会犯各种各样的错误。"孩子有些意外，轻轻跟我念了好几遍。

我说:"你把这句话写下来,贴在自己房门上。让你的爸爸和你经常看看这句话。希望你自己以后犯了错要勇于承认并及时改正,希望你的爸爸能够原谅你的错误。我接受你是个不断犯错误的孩子,但是我也希望你同样的错误不能再犯第二次。"

孩子答应了,声音中透出很多轻松。

四

周六下午,南妈再次给我电话,认真致谢——为我昨晚跟他们一家三口的热线电话。她说南把那句话贴在房门上了,以后孩子和爸爸天天可以看见了。

南妈说:"沈老师,虽然我孩子这次犯了这么严重的错误,但是我还是觉得他真是个好孩子。他的学习从来不需要我操心,而且性格也非常温和。除了迷恋游戏,他真的一直非常听话。"我知道,这个妈妈怕我这个班主任从此对孩子有偏见。我答:"你放心。只要他相同的错误不再犯,在我眼里,他依然是个好孩子。你也要跟他传递这个观念。周一我会跟孩子再谈的。"

南妈有些激动:"有时候南跟我提对爸爸的意见,我觉得有道理的会偷偷转告给我爱人。可是我爱人不仅不调整,反而反过来质问孩子。"

我忍不住笑起来:"你爱人是那种——他永远是对的,他永远有理——的人,对吧?"

"对对对!不怕你笑话。我告诉你,我们两口子吵架,事后还总得我先跟他说话。"

"我能理解。幸好南性格中应该像他父亲的比较少,你别太担心。"

南妈终于比较释然。

感悟

一个孩子偷拿家里的钱去买游戏卡,还撒谎说钱是同学寄存的,并坚决不承认，最后在父亲的棍棒下才承认错误。面对这样的事件，是因为"得到结果"就偃旗息鼓，还是继续探究事件背后的真相，因人而异。我喜欢追溯，一路追寻事件结果掩盖着的真相，而找寻到真相，或许才真正可以破解难局。孩子接受自己的错误，家长和老师接受孩子的错误，需要同步。只有同步接受你（我）的错误，孩子的进益才有可能更好达成。

让"同情"先行

——我陪学生轩成长的故事

一、捐款

这是一个新学校里新组建的班级。孩子们读五年级,寒假过后的春天,班上女孩文那身患绝症、缠绵病榻多年的父亲过世,文的妈妈打电话来替孩子请假。听着文妈妈撕心裂肺的哭声,我心酸不已。我只能苍白地安慰"请节哀顺变,要照顾好自己和文的身体"。

晨会课上,跟孩子们说了这事。在孩子们面前,我毫不掩饰我的难过:"少年丧父,是人生重大灾难之一。文还那么小,就永远失去了父亲。等她来上学后,大家一定要倍加怜爱这个失去父亲的同学。我准备明天带几个同学去慰问一下。"我不能让孩子们看着身边的同学遭此大难却无动于衷。我准备自己买一些东西,带几个孩子去吊唁。

男孩凡第一时间站起来:"老师,我听同学说过,为了给叔叔治病,阿姨已经把房子都给卖了。这个时候,文和妈妈的经济一定很困难。我们来捐一点钱吧。"文家里困难我知道,我去家访过。家里还是开发商交付时候的模样,全是水泥地,厨房就一块水泥案板。文的爸爸没有工作,是低保户。可想而知医疗费是多么沉重的负担。为了治病,他们已经卖了另外一套房子——他们是园区拆迁户,分到两套房子。文的爸爸经常要进出医院,文的妈妈因为要陪护病人，也只能打零工。

我凝神想了想，这样对孩子们说："献爱心的事，大家回去可以跟父母商量。不用当作任务，万不可回去说'沈老师要求捐钱'。"——班上的孩子，一半以上是新苏州人。他们的父母在园区买房，大都有沉重的房贷。

二、不和谐的"插曲"

第二天早上，孩子们陆续来找我捐款。我特意嘱咐凡负责此事。让凡一边整理捐款，一边做一个简单的记录——在一张学生名单上面，注明具体的捐款数目。

无意中听到女生韶（化名）的八卦之声："东，你捐了多少啊？"东有些窘。我瞟了一眼捐款记载表。东捐了10元，韶捐了20元，还有不少孩子捐了100元、200元。

我没有即时发表评论，匆匆忙忙带着凡和另外一位学生代表下楼，到办公室整理捐款。35个孩子的捐款一共有2700多元，同事们的自发捐款也有3000多元。我没有公开募捐，是同事们自发的爱心。我认真地将自己的500元交到凡的手里，请他登记。我要让孩子们知道，接受大家"献爱心"倡议的老师自己也很有爱心。这也是教育的素材。

泪眼婆娑地吊唁回来，我的心情极其沉重。没想到，语文老师还告诉我一个让我难过的细节：他上语文课时，看到男生轩（化名）无意从口袋里掏出一张100元纸币。他看了下孩子们的捐款记载表，发现轩已捐款100元。这意味着什么，我心知肚明。没想到大家献爱心的机会，却成为一个孩子犯错误的机会。这令我极其难过。

回到教室，我一言不发走到轩身边。我的神色温和，动作却敏捷，直接从他口袋里找出一张100元纸币——貌似有"搜身"嫌疑？我问得多余："这是什么？"他答得理直气壮："我爸爸给我的。"孩子们都静下来看着我们。

我沉下脸，说了一句："你在亵渎你爸妈的爱心！"他不语。

我掏出手机，给轩妈妈打电话："您好。感谢您 200 元的爱心捐款，我知道你们家也不容易，真是太感谢了。"轩妈妈非常诚恳地表述着"这是应该的"。我话锋一转，说："今天下班以后您有空来一下学校吗？我有事跟您交流一下。"轩妈妈答应了。

教室里更安静了。

我开始发表演说："今天老师很感动，看到很多同学都对文献出了爱心。有的同学捐得比较多，100 元、200 元的好多个。我相信这是他们的爸爸妈妈的热情援助。也有同学捐了 10 元、20 元，我想这可能是他自己的零花钱。爱心不是用金钱的数目来衡量的。"

我停了停，看着东——早上被女生韶询问捐款数目的男孩——说："东，请你不要介意我拿你作例子。大家都知道，东六年级毕业后要回老家读初一。他的爸爸妈妈已经在老家的县城买好了房子。现在这个社会，普通的工薪阶层买房子都要背负沉重的房贷。东的爸爸妈妈在苏州还要租房子住。可想而知他们家的经济压力。可是，在这种情况下，东还捐了 10 元钱。我认为这 10 元钱很了不起，它就是东动人的爱心。"我顺便用眼神扫了扫女生韶，没多说。东后来一整天神态都特别阳光、特别积极，这令我安心。

我继续："沈老师家里也有房贷。但是，面对文的情况，我还是捐了 500 元。一方面我是心疼文的遭遇，另一方面也是感动于同学们的爱心。我要在自己能力范围内做到最好。"——如果我这个班主任没有捐款，或者捐得很少，这是亵渎孩子们的爱心。（事实上，我也经常参加民间的献爱心活动。）

然后，我看着轩："轩，你的爸爸妈妈非常了不起，老师真的很感动。你爸爸妈妈在园区买了房，他们也是普通的工薪阶层。可是他们却一下子准备给文捐款 200 元。"

孩子们都很动容。可是，我真的很悲哀地发现轩的无动于衷。他骨碌碌地转动着不大的双眼，用一种近似无辜、甚至无邪的眼神看着我。当然，这有可能只是他的表象，或者是我的解读不到位，所以我不能指责他"不接受教育"。事实上，我还加上了一句："轩，你这一次犯重大错误了。但是，人的一生就是不断犯错误的过程，尤其是儿童。我们有了错误，要认识到自己的错误，并尽量不再犯同样的错误，这就是成长。如果再犯同样的错误，就是很可怕的。知道吗？"我也怕这孩子有极端想法或者行为。

我忍不住问了一句："大家都听到了我跟轩妈妈的电话，想一想，我为什么现在不说出轩只捐了100元这件事？"孩子们沉思，聪明的韬（化名）答道："因为老师你不想轩妈妈因为这事而伤心。"我接上去答："对！轩妈妈知道了肯定很伤心，这事我不能不跟轩妈妈说，但是我可以尽量晚点让她知道，至少让她白天不要难过。这就叫体谅，大家要懂得。"我看见了很多双眼睛都特别明亮。

我告诉孩子们：请轩妈妈来学校，只是想当面把100元钱还给她。

在"献爱心"这样和谐的过程中，出现了大大小小不和谐的插曲——有八卦别人捐款数目多少的，有瞒着父母企图"私吞"部分捐款的。面对这些"插曲"，教师不必急于义正词严地痛斥犯错误的孩子，而是可以将这些"插曲"温和地呈现给班上所有孩子。让孩子们在过程中去听、去判断、去辨别、去思考。

有些对个别学生的教育，我愿意全班学生来旁听，因为，"个案"有时候就是极好的教育素材。不然，"个案"的受益者，只是那个当事人——而且有可能当事人未必真能受益。这或许也是不和谐的"插曲"所独具的积极意义吧？

三、"敲诈"案起

就前两天，轩从爸妈给女生文的捐款中私自扣留了100元。事后我把那100元钱交到了轩妈妈手里。我大致汇报了事情经过，并再次感谢他们了不起的爱心。我也再三嘱咐他们：等孩子回家，千万好好教育，不要动手揍。

才过了两天，中午就餐时候，跟我一张餐桌上用餐的大个子们很有正义感地举报轩的"敲诈"。

原来，班上三个男生凡、潇和轩都有一盒价值80元的小磁球，每盒216个。这些小磁球可以变化组合各种不同的花样，很有意思。女生韶问轩借过其中8个玩，但是不小心弄丢了。轩要韶赔一整盒，80元。韶恳求不要这么赔偿，并表示愿意用每天参加学校田径队得到的牛奶来补偿给轩，连续补偿一周。轩同意了，就每天追着韶索取牛奶。在第二次索取牛奶时，激发了部分孩子的公愤，他们一致评价轩是"敲诈"。

不是不替轩的父母难过的。轩的父母对老师非常尊敬，而且也很重视孩子的教育。可是这孩子，不仅学业上有诸多问题，现在行为上也多次出现问题了。

午饭后，我叫住轩："别人弄丢了你的东西，你当然有权利让对方赔偿。但是，一个真正大气的孩子，是不会这么斤斤计较的。"很多同学附和："就当自己弄丢了呗！反正一盒216颗，丢了8颗问题也不大。"

我继续："但是你真的是有权利让韶赔偿你东西的，所以，请你自己计算一下，216颗，80元。每颗多少钱？8颗多少钱？"他拿了张纸，算了半天居然答："每颗2元。"孩子们哄堂大笑，并帮他计算出每颗4毛多一点。

我替韶做主："韶，你弄丢了别人东西，也的确是应该赔偿的。所以，请你以每颗5毛的价格赔偿吧，一共4元。明天把钱给轩。"

我继续："轩，你要人赔偿你的东西是你的权利，但是追着人家用牛奶抵账，则太过分了。"轩忍不住分辩："是韶主动提出来的，是她自己愿意的。"

我答："如果你不要求她赔一整盒，她也不会主动表示用牛奶抵账。这是她的态度。你如果足够大气，完全可以不接受她的牛奶。至少，你不应该是恶狠狠地去讨牛奶。"孩子们都旁听着呢，轩蔫蔫地不吭声。

四、洗清不白之冤

想了想，还是得跟轩父母通报此事。

这一通报，倒让我洗清一个不白之冤！原来，那盒 80 元的磁球的来历，是因为轩回家向父母宣布："老师让买的。"一向对教师要求毫无异议的轩的父母，就责无旁贷地给孩子买了这盒磁球。

轩爸爸听闻我的解释，越发郁闷。

我了解了一下：班上第一个拥有这种磁球的是凡，他的磁球来自爸爸单位的年终团拜会的奖品。男生潇看见了喜欢，回家跟自己父母提了"想买"的愿望，父母满足了潇的愿望。轩看到两个男生都有了，心生羡慕，所以回家跟父母扯谎，也让父母给买了一盒。

五、一个假设

晚上十点半，接到轩爸电话。他无比郁闷与沉重，说不知道怎么教育自己的孩子了。

感同身受，因为我是一个青春期孩子的家长。因为理解、懂得，我跟轩爸聊了很久。或许有的话题有些苛刻，但是基于彼此的信任，我还是提了出来："孩子身上有问题，我们真的该反省家长自己的问题。从上次轩扣留捐款，到这次对着你们扯谎骗买磁球，并索取同学的赔偿，我在想，是不是你们很少满足他物质上的欲望，尤其是玩具？是不是孩子提出买玩具，十有九次你们都会拒绝？"

轩爸有些猝不及防。他怔了怔，想了想，回答我："沈老师，你这么一说，我想了想，好像真是这样。我总觉得他现在也大了，不应该再买玩具了，而且我认为他的主要精力应该放在学习上，所以我对他管教得很严格。"

我试着引起轩爸的思考："父母在物质上管教得特别严，会不会孩子有两种表现：一种是接受这样的教育，对物质很淡漠；一种是因为总得不到满足而充满了渴求？"

轩爸沉默。就这个假设，他跟我聊了很多，茫然于自己的家庭教育。我委婉建议："在适当范围内，满足孩子一些物质欲望。当他的物质欲望得到一定程度的满足之后，或许孩子反而就比较踏实了，不想着法子撒谎骗钱了。"我甚至建议轩爸每个月至少主动表示要给孩子买一样玩具，不是很贵的，但是孩子渴望的。轩爸表示愿意接受这个建议。

六、风波又起

学校要组织春游，德育处下发一张"告家长书"，要求家长们签字。"告家长书"上其实有说明，费用 100 元是不需要交的——期初已经连用餐费让家长打在孩子的银行卡上了。但是"告家长书"比较小，字迹也有些小，所以可能轩爸没有留意到不要交 100 元！

第二天早上，轩爸爸给我发短信："沈老师，轩带了 100 元，说是春游费。特此汇报。请确认。"

我回复，说明情况："不用交钱的。期初你们已打孩子银行卡上了。"

轩爸回复："好的。请您帮我留意，轩是否主动要交钱。"

我应允。

才过几分钟，轩爸的短信又来，说："如果轩不找您要交钱，请不用问他钱的事。我要观察孩子回家后是否主动还钱。"

忍不住替轩爸难受。对自己的孩子起了怀疑，不是像"警察设了个局等着抓小偷"那样痛快的。那种心酸，真是让人心生同情。可是，我能帮到轩爸轩妈什么呢？

我想试试。试着帮助轩爸轩妈找到答案。

放学的时候，在我身边只有辉与轩。我问辉："辉，明天春游，你买了多少好吃的啊?"辉是那种不浮躁的孩子,他淡淡回答:"我没买什么零食,我不想吃。"我继续:"那你爸妈会给你买的吧?"他答:"应该会的,不过我也不要多买。"我再问:"那你爸妈春游那天会给你多少零花钱啊?"辉说:"我不用零花钱。"这孩子一向稳重懂事。

轩在边上微笑着。他就是不问我要不要交那100元钱!

我心里微微叹息。

等轩走了,我给轩爸发了短信:"我故意在他面前跟辉谈论春游一事,他还是没有问是否要交钱一事。请耐心等待,或许孩子到家后会主动把钱还给你。"

轩爸的心情可想而知!

晚上,轩爸的短信来了:"你好,沈老师,在我的侧面提示下,轩说出了老师没有收钱,并把钱归还给我们了。但同时他撒谎了——他说他问过金老师,金老师说不用交钱,只要交家长回执单。我很痛心。在这方面我们以后会多留心了,还请老师们多关注。"

我一时没反应过来,忙打电话给副班主任金老师。金老师说,轩爸打电话给她,说轩"问过金老师是否要交钱,金老师回答不必"。金老师对此事一无所知,且根本没有"轩问是否要交钱"一事。她一口否认有此事,可轩就是咬定问过金老师,坚决不改口。

等我电话打给轩爸,轩爸已经狠狠揍了轩一顿。然后他很自责,说:"我就是沉不住气。如果我坚持不旁敲侧击,看他今天会不会把钱还给我们。那答案就更清楚了。"

我很理解家长的感受,一定非常心痛。在这个时候,我希望自己能够舒缓一下家长的情绪,而不是火上浇油。所以,我对他说:"在明知道孩子有可能会犯错误的时候,作为父母,我们当然应该把这个可能发生错误的时机破坏掉,让孩子不会犯错误。我们又不是警察,我们不是等着抓罪犯。我们是在教育孩子。"

轩爸长吁一口气，听起来情绪好多了。

七、了解孩子

我问："孩子明天春游，你给买了多少食物？"轩爸说："三样。一袋面包，一瓶水，一份水果。"他补充说明："以前春游买东西不止这些的。最近他表现太差了，我们也提不起精神，早就告诉他只买三样，且不给他钱的。"

我知道问题在哪了。我说："我们得对孩子有个基本的认识。有的孩子，的确性格特别沉稳，不张扬，也不妄自菲薄；有的孩子，则相对浮躁一些。他可能会比较喜欢有机会成为别人瞩目的中心人物。比如，春游的时候，带的零食多一些，带的零花钱多一些。我们要对自己的孩子有明确的认识，基本判断孩子的性格是哪一种人，然后做出适合孩子性格的一些安排。"轩爸沉默了一小会，低声说："轩属于后者吧？"我答："那也不是多大的缺点啊。面对这样的孩子，我们稍微满足一下孩子的欲望。因为得到满足，他就不会有其他想法。比如，你可以带孩子再去超市一次，告诉他：爸爸准备给你买一样与同学们分吃的零食，因为这是你们最后一次集体出游活动。买哪个品种，你可以自己选择，但是不能超过多少元。最好是独立包装的，方便分赠给同学。你也可以给孩子 20－30 元，甚至 50 元，告诉孩子：春游的时候你可以买一样玩具，但是希望你不要把钱都花光。你这么对他，孩子就根本没有必要想其他主意。作为父母，我们应该是防止孩子犯错误，而不是等着他犯错误了去打压他。"

轩爸恍然大悟！他忙不迭地致谢，也不停地感叹："真是不知道怎样做父母啊！"最后，他一而再再而三地说："沈老师，我真的觉得你非常了不起。真的，我没有遇到过你这样的老师。"

春游那天，我观察到轩买了一把玩具枪。据了解，他带了 50 元零花钱，之后把多余的钱还给父母了。

感悟

与家长构建教育的合力

其实，不是我了不起，而是我越来越坚定：当孩子出现问题的时候，教师应该发自内心去同情家长内心的沮丧，而不是理直气壮地因为孩子去教训家长。那样做，只是简单粗暴地把自己置于家长的对立面，对于联手教育孩子毫无益处。冰心有诗曰："爱在左，同情在右。"如果家长给予孩子的是"爱"，那么教师可以给予孩子和家长"同情"。这"同情"，不是怜悯，而是懂得、理解、体谅。让这样的"同情"先行，然后再对家长提"建议"，或许才能形成更好的合力。最后，让这合力抵达到学生那里，或许可以收获到最好的效果。

在意他们现在及将来的幸福

周三，晚上十点，我的电话响起，是学校传达室的保安师傅！更让我吃惊的是：师傅说，有个女孩子刚到传达室，说准备今天晚上住传达室，不回家了。保安师傅好说歹说，这孩子才勉强透露是六（1）班的。

真是吓我一跳。女孩子晚上离家出走？这三个关键词各自独立，都是个重大的教育命题，何况合并在一个句子中！

我让孩子听电话。现在重要的是安抚她的情绪，并保障她安全回家，而不是去探究或者指责她这个行为。

电话那头，是敏（化名）的声音。敏是六年级时才从四川转学过来的。前面五年，随着父母打工城市的一再更替，她辗转在几个省份上过学，可想而知其学习基础有多糟糕。来到苏州，她的英语几乎是零基础，语文、数学的成绩也都不合格。她曾经跟我诉过苦，说爸爸批评她："你考这么差，还不如给我去死了！"这个孩子非常敏感，而我也一直发自内心地心疼她学习上的遭遇，从来不对她疾言厉色，从来都是温言笑语。仅有一次，她英语回家作业没做，我稍微说了她几句，她就在"家校联络本上"写下洋洋洒洒一大段留言，对我耿耿于怀，很受伤的样子，严正指出我不应该对她严肃，让我哭笑不得，忍不住要反思自己平时对她的温情是否成了一种不合适的溺爱。

我问敏："敏，这么晚了到学校里来，是不是跟爸爸妈妈闹矛盾了？爸爸妈妈知道你出来吗？"

敏如遇亲人，在电话那头痛哭！"晚饭时，爸爸吃完了一碗饭，爷爷让我给爸爸添饭。可是爸爸并没有说需要添饭，我就没给他添饭。结果爸爸很生气，用碗砸我！爸爸还骂我，还让我滚出去。所以我就走出来了。"

听得我心疼不已！其实我见过敏的爸爸，看起来挺温和的一个男子。敏还有一个读一年级的弟弟。我心里忍不住要想：哼哼，大概是重男轻女的缘故。当然我不会跟孩子这么说。

我继续问："那妈妈呢？"

敏答："妈妈上夜班，不在家。"

我想了想，答："敏，爸爸因为那个原因就动手打你，肯定是他不对。明天我来教育你爸爸。不过，现在这么晚了，我来打电话让你爸爸接你回去。爸爸一定很着急地四处找你呢！"

她哭："不要。他会打死我的。我不要回家。"

我为难了："敏，我很想过来，到学校里来送你回家。可是，如果老师现在出来，老师家里的姐姐就得这么晚一个人在家，我也不放心。所以我没有办法过来。你放心，我会让你爸爸向我保证不打你。"

敏继续抽抽噎噎，勉强答应我。我又再三叮嘱保安师傅帮我看好她，不能再让她离开。

结果，手机里存的敏爸的电话打不通——他停机换号了也没有及时通知我。再打电话找保安师傅，问敏，敏也不知道爸爸的新手机号码，妈妈的号码本来就背不出。我联系了副班主任和语文、数学老师，都只有敏爸的旧号码。一筹莫展中，想起打开电脑，登录"家校路路通"网站，在学生信息栏中找到敏妈的手机号码。

我联系上敏妈，她也刚知道孩子离家出走。我忍不住埋怨："孩子的爸爸对孩子也太粗鲁了吧！"敏妈无奈地对我说："沈老师，你不能一味听孩子的。你不知道，这个孩子在家里的表现有多么糟糕。"不过，因时间太晚了也没有多交谈。我给敏爸打电话，再三强调：去学校接到孩子后千万不能动手，也不要教育了，太晚了，让孩子赶紧休息。敏爸答应了。

第二天，我抽时间跟敏交谈。第一件事就是确认她爸爸后来有没有打她——及时表达我对她的关心。然后，我跟她细细交谈。她还是那些解释，听起来这个爸爸的确非常不近情理。但是，我还是有很多话要跟她讲，关于"女孩子晚上离家出走"。

我先跟她讲了几则网络上看到的新闻：女孩子离家出走后被诱骗、被拐卖的悲惨故事。她还很有底气："我不是乱跑啊，我是想好了到学校的，我知道学校很安全。"我问："昨天晚上你是乘公交车到学校还是步行到学校？"她答："步行。"要知道从她们家到学校，是人烟比较稀少的一段路。我真是替她捏了把汗。我问："如果你步行的时候，有一辆面包车经过，车上跳下来几个大男人，三下两下就把你架到车子里，然后把你卖到山沟沟里去，给娶不上媳妇的老男人做老婆，给他生孩子。你怎么办？"她毕竟是个孩子，很天真地说："路上路灯很亮啊，而且，我看过的，没有什么面包车。"我哭笑不得，正色道："你记住我的话，这次只是你比较幸运，没有遇到什么坏人，但是，不一定你每次都这么幸运。世界上的确好人很多，但是，世界上也有坏人。很多女孩子就是因为跟爸爸妈妈闹别扭离家出走后遭遇不测的。你要记住，爸爸妈妈再过分，哪怕赶你走，家始终是你最安全的地方。你千万不可以离开家。如果爸爸妈妈在气头上说了过分的话，你最多只可以走出家门，但还是要留在家门口。爸爸妈妈气消了，自然会叫你进去。"

看我那么郑重其事，敏答应了，并向我保证：绝不再离家出走。

我再跟她说："孩子跟爸爸妈妈闹别扭，是很多家庭的常态。老师小时候也跟妈妈闹过别扭，现在老师家的姐姐也要跟我闹别扭。你不要以为，你爸爸骂你、打你，就悲惨得不行。其实，这种情况很多家庭都有。我们班上很多同学都有过跟爸爸妈妈闹别扭的时候。有了矛盾，我们要尽量想办法解决。你跟爸爸闹矛盾了，可以找妈妈或者老师。你下次如果跟妈妈闹矛盾了，就找爸爸或者老师。如果跟老师闹矛盾了，你就找爸爸妈妈。请你相信：这世界上最值得你信赖的成年人就是你的爸爸妈妈和老师。只要好好沟通，没有解决不了的问题。离家出走，一点问题都解决不了。"

敏神色释然很多，不再特别委屈的模样。

但是敏跟爸爸之间的矛盾，我还是希望能够帮助他们彼此疏通。

我联系敏妈，诧异于敏爸对孩子的粗鲁，表达我的震惊，不无几分谴责的意思。敏妈非常委屈，说："老师，你心疼孩子我们也很感动，但是你这么一味地相信她，并批评我们的不是，我们也觉得委屈的。你不知道这个孩子，在家里特别没有礼貌。对爷爷、对弟弟，甚至对来访的客人，都很没有礼貌。昨天晚上，她对爷爷、爸爸也是态度非常不好，她爸爸才生气的。你不能只听她的一面之词。我比她爸爸有耐心，我也多次提醒她、教育她，可是效果不明显。而且，这个孩子很爱记仇。只要别人对她怠慢一点点，她就耿耿于怀。"

我很理解，因为我领教过。

敏爸则在电话中积极表态，放学时候到学校里来跟我面谈。

放学后，敏爸如约来找我。他向我认错，说昨天对孩子的态度与做法的确非常不应该，保证以后不再那么粗鲁。然后他跟我解释自己生气的原因：爷爷让敏给爸爸添饭，结果敏既不接爷爷的话，又不主动询问爸爸是否要添饭，还不正眼看两个大人，才让他气不过。

敏爸还说：有一次放学时刚巧到学校附近，就想接敏一起回家。结果在校门口遇到敏，他主动叫孩子，孩子理都不理会他。

敏爸还说：在家里老是管弟弟，甚至打骂弟弟。

这一切的背后究竟是什么呢？我觉得很多事都需要追溯到童年。

我问：敏小时候是跟你们一起生活的吗？敏爸答：不是。她一直留在老家，和爷爷在一起生活。原来，敏直到她六岁时弟弟出生后，才和爷爷一起来到父母身边（当时不在江苏），因为小弟弟需要人照看。读五年级那一年爷爷又带着她和弟弟回四川老家生活、学习。

我想了想："敏从小不跟你们在一起生活，而弟弟基本一直跟你们在一起。所以，你们跟敏的亲子关系，肯定不如跟儿子的亲子关系。在这种状态下，你对儿子的呵斥，可能儿子不会很受伤，但是敏可能会非常受伤。所以，你可能需要对她更加有耐心一些，更加温和一点。"

敏爸承认自己对敏比较急，尤其是因为她的学习成绩。我跟他说："孩子学习成绩不好，真的不是孩子的责任。她六年学习生涯中换了几个省份，她的确非常辛苦的。你要为此感到愧疚才行，不能简单粗暴地骂她笨。这一点敏跟我提过，我也替她觉得委屈。"

敏爸接受，但是又向我投诉：敏经常对弟弟打骂，让人看着非常生气。我替敏分辩：可能孩子潜意识里妒忌你们跟弟弟之间更加亲密的亲子关系吧，她出生到六岁，一直没跟你们在一起，这种欠缺是她一辈子的伤痛。你们要尽量对她更加温柔与体谅，不要总是要求"姐姐该让着弟弟"，完全可以营造"男生要让着女生"的氛围，让她觉得自己被重视，她就会感觉到更多的爱。只有当她感受到足够多的关爱的时候，她才有能力对他人付出更多的关爱。很多时候，孩子的无礼表现，可能是她想索取更多的爱，但是又不会合适地表达。

敏爸很安静地聆听，有些动容。

后来我把敏请过来，加入谈话。

敏爸很认真地跟孩子道歉：不应该打她，更不应该把她赶出家门。

我跟敏谈了我的看法：爷爷让你给爸爸添饭，你应该答应"好的"，然后主动问爸爸"要不要添饭"。你从头到尾不理会大人，不看大人一眼，这的确是非常没有礼貌的。

敏默然。

　　我继续："趁爸爸和老师都在，你可以提出你很想爸爸答应你的一件事，或者很想爸爸不要求你做的一件事。我来看看，是否可以让你爸爸同意。"

　　敏的回答真让我意外，甚至失望。她有些兴奋地回答："我想让爸爸同意我每天玩一会电脑游戏，可是他只在双休日同意我玩一会。"

　　敏爸还没有回答呢，我直接替他拒绝了："这个要求很没有道理。你爸同意你双休日玩电脑游戏已经很好了。"

　　敏有些不服气，说："李同学天天玩的。"李同学是我们班上的"男一号"，语数英三科都是第一名，其他能力也超级好。

　　我无奈地答复："每个人都不一样。李同学学习能力强，每次考试得第一，每天的回家作业都是在学校里就完成。他回家后根本就没事干。除了看书，每天玩一会电脑游戏，他爸妈当然没意见。可是你每天在学校订正作业、补课，经常要到5点半以后，甚至更晚。每天回到家要吃过晚饭才可以开始写作业，差不多在7点以后了。等你写完作业已经是睡觉时间了，你也没有时间玩电脑游戏了。"

　　我补充："老师家的姐姐写作业慢，学习成绩也不够好。所以老师也不让姐姐玩电脑游戏的，而且双休日节假日都不玩。当然，如果姐姐能够像李同学那样写作业快，学习成绩好，我也会同意她玩游戏啊！"

　　敏这才无话可说。

　　敏需要留下来订正作业及补课，敏爸就先走了。

　　我继续跟敏聊。我问："上次爸爸到校门口接你，都叫你了，你为什么不搭理？"

　　敏答："我叫了'爸爸'的，可能声音太轻。我想和同学一起去公交车站等车，一边聊天，所以不想跟爸爸一起回家。"我告诉她："你完全可以笑眯眯地告诉爸爸啊！你可以说：'爸爸，我和同学一块儿乘车回家。你先回家好了。'而不是爱理不理。你这样的态度，爸爸当然会不喜欢。"敏有些发窘，无话可答。

我再问："你为什么老是要骂弟弟、甚至打弟弟?"敏大义凛然："弟弟都给爸爸妈妈惯坏啦! 不好好吃饭，不好好写作业。我管他，他还不听，我才会动手打他。"敏其实复制了她爸爸妈妈管教她的模样。我想了想，嘱咐她："弟弟表现不好，你可以提醒弟弟。如果提醒以后没有效果，你一定要记住：你不要再管了。你能做的只是把弟弟的行为报告给爸爸妈妈听，由爸爸妈妈来管教。弟弟本来就应该由爸爸妈妈管教的，而不是你这个姐姐啊!"她想了想，也答应了。

但愿这一番疏导，能够让敏跟爸爸妈妈彼此之间更加容易理解与体谅，相处起来或许可以少一些辛苦，多一些愉快。家庭，本该是人们最觉自在与安全的地方。家人之间相处不和谐，一个人的幸福指数就会降低很多。我在意我的孩子们能够更恰当地表达自己、接纳他人，那么，他们现在以及未来的人生一定可以更加幸福。

是的，我在意他们现在及将来的幸福。

后记

出于未雨绸缪之见，第二天的课上，我跟全班孩子分享了对"离家出走"的看法。我不遗余力地搜罗了很多少年离家出走后的惨案，一一讲述给孩子们听。大家听得触目惊心，最后交流的时候纷纷表达：不管怎么样，我们都不可以离家出走；家，永远是我们最安全的地方。

我没有提及敏前晚离家出走的事。这个话题的确因她而起，我也因她而自省：以后再当高年级班主任，我要尽早地跟孩子们展开对这个话题的讨论，而不该心存侥幸——班上不会有离家出走的孩子。敏这次很幸运——安然无事，不代表每一个离家出走的孩子都可以安然无恙地回到家里。

希望此后自己班上再也不要有离家出走的孩子。

找到问题的源头

女生倩（化名）特别让人操心，倒也不是因为她的成绩。她的语文还可以，英语甚至不错，钢笔字写得也很漂亮，校级比赛中获过好几次奖。她还是体育特长生，园区小学生田径运动会拿过第一名。

可是，这个孩子的性格却让人烦恼，经常惹是生非。一而再再而三地因为她，生发出种种故事。

下午最后一节活动课，孩子们在下棋，我在教室窗前批改作业。女生欣（化名）跑过来汇报："沈老师，我刚刚发现，今天带到学校里来的30元钱不见了。"我一听就头疼。最怕高年级孩子中出现这样的事——你很难查出来是谁"作案"的。如果查不出来，对那个作案者，是姑息与纵容；对那个失窃者，又是严重的"不作为"。低年级孩子拿同学东西，很可能是无意识的，一般也就拿他人的学习用品之类，不会涉及钱。

欣的钱放在书包里。一般情况下教室里都有同学们在，要在众目睽睽之下搜检欣的书包并把钱拿走，实在不是件容易的事。除非"作案者"找机会单独留在教室里。欣的同桌是个品行优良的男同学，直觉让我觉得绝对不可能是他。

我想了想，把男生牧叫到身边。牧因为脚受伤，课间操、活动课甚至午餐都不下楼——同学们帮他把餐盒送到教室里。我轻轻问牧："你可有注意到，今天有谁到过欣的课桌前找东西？"牧回答："中午大家都去吃饭的时候，我去教室后面丢垃圾，好像看到有个女同学在翻欣的课桌。"他突然眼睛一亮，问欣："你的钱是不是放在一个灰色的小盒子里？我看到那个女同学翻出了一个灰色的小盒子。"

有线索了！

可是，追问之下，不免让我沮丧。牧不能确定是哪个女生。这也可能，他当时一心一意去教室角落丢垃圾，没留意。

我凝神想了想，再问："你记得那个女同学是穿着深色衣服还是浅色衣服？"春夏之交，天气忽冷忽热，孩子们有些乱穿衣，厚外套、薄衬衫齐齐上阵。这个思路启发了牧，他答："我记得是深色的衣服。"

孩子们的校服外套是藏青色的。今天穿校服的孩子不多，其中有女生倩。

我没想好怎么继续。我和欣、牧的对话声音极轻，大多数孩子在下棋，有些孩子在看课外书。换句话说，很少同学会关注到我们三个人。我让欣和牧回座位上去，我得想想，怎么处理。有时候，没想好怎么做的时候，不该贸然行动，更不该兴师动众，当众排查。

就在这时，倩走过来，说："老师，我今天也丢了钱。"

我更吃惊了，两起失窃案？

我开始询问，倩的陈述是：她今天也带了钱，数目跟欣的一样（她不说多少钱，这也引起我的警觉），因为跟欣一起看好了一样礼品，准备两个人都去买，送给一个要过生日的同学的。她的钱是在上午第二节课后的课间操回来后发现不见的。

我便追问了下："既然是上午就发现钱不见的，为什么上午不跟我汇报？"

她的回答真惊人："因为你上次说过，没有确凿的证据，不能随便怀疑别人拿了自己的东西。"这哪跟哪啊，不要随便怀疑他人，并不等于不要向老师汇报啊。我看她眼神躲躲闪闪，估计她此番话语，谎言不少。可是我没有证据，我不能随便逼供。

所以，我也只能说："我知道了，我来调查。不过，老师说不要随便怀疑别人，可是并没有说不要及时向老师汇报情况哦！"

我让倩回到座位上。我得先从印证倩的话的真伪开始。我再把欣唤过来，问可有"约好了一起给某同学买生日礼物"之事。欣学习成绩极不好，人却素日里忠厚。她答："没有这回事。"

事情的真相渐渐明朗，但是，我依然没有证据。在没有"证人"的情况下，我需要找到丢失的东西，让事实来发言。

刚巧放学了，我让其他孩子回家。

然后，我平静地对倩说："倩，你的钱不见了，我觉得很有可能是你不小心忘记放哪里了。我来帮你找找。"

帮她找钱，而不是搜身，这个理由足以让我光明正大地到处找。我在她身上的口袋里找，没有；在她脱下来的外套里找，也没有；在她的课桌里、书包里找，也没有；在教室外面属于她的小柜子里找，还是没有。

倩比较紧张地看着我。

我也茫然了。突然，我发现她课桌上还挂着一个粉红色的文件包，静静地悬挂在两张课桌之间。若不留意，看不到文件包。即使看到，也有可能以为是倩的同桌挂在那里的。

我把文件包打开，里面资料上的名字，显示这是倩的文件包。我打开一看，里面有两张 5 元，两张 10 元。这四张纸币各自揉成一团，一共四团。

我先把欣唤过来，问："你的钱，是不是这样子叠放的？"因为各人习惯不同，有的人可能会把四张纸币整齐叠成一沓，有的人会比较随意，一张一团。欣回答："是的，我的钱就是这样子放在我的盒子里的。"

　　大概倩在从欣的小盒子里拿钱的时候也紧张，没仔细看数目，所以她只跟我说"钱的数目跟欣的一样"。她还真是一个颇有心机的孩子。

　　我再把倩唤过来，这一次，我声色俱厉。我把她的文件包重重扔在她课桌上，然后喝道："倩，上有天，下有地，你现在发誓这钱是你自己的，我会相信你，并保证让你把钱带回家。"

　　因为平日里我绝少板着脸呵斥，这样的声色俱厉更是从未有过。这时的我大概把她给彻底震慑住了，她答："钱是欣的，我拿了欣的钱。"

　　那一刻，我庆幸自己平日里和颜悦色居多。如果一个教师，平时对学生过多的严厉呵斥、大声指责，甚至声嘶力竭地谩骂（绝对不是假设，这样的情形在教育现场太多了），学生很有可能对这样的强刺激习以为常，那么，和风细雨的弱刺激有可能完全失效。那些教师的音量只能不断升级，才有可能让教育目的在学生那里奏效。而我，平时绝少对孩子们大声说话，所以，偶尔的声色俱厉，居然"初战告捷"。

　　"案子"破了，我并不高兴。我的职业不是警察，我的责任更不是"抓罪犯"。在孩子出现行为问题的时候，我需要追根溯源，找到这些问题的源头，然后帮助孩子改掉这些问题。

　　我让欣先回家。然后打电话把倩的妈妈约过来，面谈。

　　四楼的教室里非常安静，我跟她们母女两人面对面坐在窗前，这样面对面谈话的氛围比较好。我并不打算教训倩妈："看你家的好女儿，小小年纪拿别人的钱。"而是想陪倩妈一起回忆、讨论，这究竟是为什么。对于家长，我尤其不接受教师站在道德高度上去谴责"你没有教育好孩子"。孩子出现了行为问题，父母已经够难受。如果草率指责"家长没有尽职"，只会让教师迅速站到家长的对立面去。

　　倩妈很伤心，这毕竟是一件挺丢脸的事。可是，她也非常困惑。她说，家里不缺钱，也不缺给孩子的零花钱，真的不明白，倩为什么要拿别人的钱。她跟我描述了孩子在家的种种情形，包括对爷爷奶奶非常无礼，双休日出去玩大半天甚至一整天也不提前告诉爸妈，作业本多次故意说找不着了。这的确是个令父母头疼的孩子。可是倩妈人很好，我跟她接触过多次，是一个愿意接受教师意见的家长，在教师反映孩子表现不佳的时候她也从不护短。

我也慢慢向倩妈反映一些我所了解到的事情。比如：语文课上，她强抢同桌好看的笔，害得两个人都挨老师批评，她还理直气壮"我只是要看看，谁让同桌不肯给"。比如：看到别人好看的橡皮，抢过去说"看看"，直到傍晚同学投诉之后才肯还。比如：参加同学生日聚会，看到喜欢的菜端上桌，会拼命地把菜拨在自己盘子上，同学抗议都无效。

正说到这儿，倩妈说："对，她是这样的人。在家里也这样。凡是她最爱吃的菜，家里人一个都不能动筷子的。谁动了那道菜，她要不高兴，要对家里人丢白眼。我们也都习惯了。"

我极其讶异。

倩妈急急补充："但是我一直跟她说的，出去吃饭不能这样的。每次我带她出去吃饭，我一定提前教育她的。跟她说好的，如果出现吃菜时抢着自己爱吃的菜，下次就不带她出去吃饭。所以只要我带她出去吃饭，她表现还是可以的。在家里，反正我们也就她这么一个孩子，她既然喜欢，我们大人也就不跟她抢了。"

我想我知道这孩子这些问题的根源所在了。

我对倩妈说："可是，如果你不在她身边呢？看到自己喜欢的，都要占为己有，这是极大的问题。长此以往，她会失去身边的人对她的喜欢。孩子小，自律性差。从她小时候开始，你在身边，你盯着她，她不敢这样。只要她离了你的视线，她的问题就会出现。她的这个问题，或许就是从家里人吃菜的时候让着她开始的。"

我跟倩妈讲述了我女儿辰辰小时候的事：辰辰3岁时，最喜欢吃草莓。

那会儿冬天，草莓价格很贵，一盒草莓其实也就没几颗。但是，我把草莓洗干净之后，一定要求她先把草莓送到卧床不起的曾祖母床前，再分给爷爷奶奶，然后分给爸爸妈妈，最后才能轮到她吃。当时孩子奶奶很嗔怪我，说这么一圈分下来，草莓没剩下几颗了，我们又不爱吃，你这个当妈的也真是的。我就坚持：现在不让孩子先分给长辈吃，她长大后会想不到该给长辈吃。辰辰爱吃草莓，我隔三岔五给她买。但是每次买了之后，必须还得这么分着吃。

然后，我向倩妈描述我女儿现在的状态：我带辰辰去咖啡厅吃饭，她喜欢的鲜虾饼，我每次都帮她点。一份共 6 个，她从来只吃自己那份，不会要求多吃一个，我也从来不会把自己分内的省给她吃。家里有任何好吃的，她都习惯让我先吃。哪怕有时候跟她逛街，只买了一份冷饮，她也习惯先让我吃一点，她才安心自己吃。

我跟倩妈说："一个在家里习惯跟家人分享的孩子，他才有可能愿意跟他人分享。他不会过分自我，不会想着把别人的东西占为己有。我给你的建议是：从今天开始，每天晚饭都准备一道倩最爱吃的菜，然后，爷爷、奶奶、爸爸、妈妈使劲吃这道她最爱的菜，千万别想着省给她吃。我告诉你，你现在不让她分给你们吃，等你们老了，就别想吃到她的。"

倩妈忧愁的脸稍微有些起色。或许是因为她从我这里得到了答案与解决之道？

高年级孩子出现"拿同学钱财"现象，我始终认为，不应该简单粗暴地上升为思想品德问题，并以此来批判、教训孩子。孩子的行为问题的背后，一定有着各种各样的原因。教师的使命就在于帮助孩子找到问题的源头，然后与家长积极沟通、通力合作，来解决已经出现的问题，甚至预防有可能出现的问题。

给孩子一个向世界起跳的踏板

——我陪学生宏成长的故事

一、"你不是没有妈妈了"

课间操时间，阳光明媚。经过宏（化名）同学身边的时候，他突然仰起头，大声对我说："老师，我没有妈妈了！"

我吓一跳。蹲下来，抱住他的双臂，轻轻问："怎么了？"

他哭丧着脸答："我爸爸妈妈离婚了。妈妈昨天早上搬出去住了。"

我安慰他："那应该只是爸爸妈妈之间的事，爸爸妈妈有矛盾了，分开生活了。妈妈永远是你的妈妈，她会来看望你的，她还是会像以前那样爱你的。"

"可是，她都没有跟我说这些话。"他眼巴巴地看着我，似乎要找寻答案。这一刻，我非常无助。不知道怎样表达，才是最合适的。

我稍稍转移话题，顺口问："那你昨天晚上吃什么了？"

宏答："吃了面包。"

我有些讶异地问："爸爸呢？爸爸在家吗？"

"爸爸天天要到晚上 11 点才回家！早上 5 点就出门上班！"

我忍不住担心："那早上谁送你上学啊？"我知道他放学时候有晚托班老师来接，晚托班就在他们小区。

宏却没听出我的担心，他大概对我的担心觉得奇怪，很平静地说："是小区里妈妈的一个同事，以后每天早上到我楼下来等我，送我上学。"

我微笑着对他说："你看，妈妈安排好了同事来送你上学。这就是妈妈对你的爱。所以，你不是没有妈妈了，只是不和妈妈在一起生活。"

孩子却一门心思继续刚才的话题——关于晚饭，他大声补充一句："可是我晚饭只有面包，都没有菜！"

我的眼泪哗地从眼底涌出来。我知道不应该让孩子看见，快速地站起身，走向队伍的末尾。我努力地抬头，努力地擦拭眼泪，努力地平复自己的心情。在孩子最脆弱的时候，如果让他看到我的眼泪，这无助于他的日常生活与生命成长。

二、"我很崇拜你哦"

今天课间休息的时候，我问宏："你昨天晚饭吃什么了啊？"

他笑着说："你猜！"

"烧青菜？""豆腐汤？"他都笑着摇头，最后大声说："红烧肉！"真心让我吓了一跳。我再问："还有别的菜吗？"

"当然了！还有土豆炖牛肉，西红柿炒鸡蛋。都是妈妈教我的！"

"哗！真了不起！"我大力鼓掌。

"我妈妈会做 100 种菜！可是我只会 50 个。另外失败了 50 次，没学会。"他补充道。

"妈妈虽然不跟你生活在一起，可是教会你做菜，你就永远不会饿着自己，这就是妈妈的爱的一种表现。"我再次强调着，希望孩子能够多少听进去一点。

"可是，菜刀好重啊！而且，我们家的锅也很重！我都拿不动！"毕竟是一个才 8 岁的孩子，他忍不住想撒娇。这一刻，我内心无限温情涌动，差点倾泻而出。可是，我也知道，如果让孩子一味感受到我对他的同情与怜爱，并不能够帮助他有力量去支撑他面对的现实生活。我越同情，他可能越软弱。我越怜惜，他可能越怨责父母。我应该给予孩子力量，而不仅仅是脉脉温情。

"但是我很崇拜你哦！我都做不好土豆煮牛肉。"

回到办公室，我在网上买了一本《会做饭的孩子到哪儿都能活下去》。我想把这书送给宏，并陪他一起阅读。我想告诉他，这个世界上也有一个跟他一样要做很多家务的孩子，这个孩子一直很快乐地微笑着对待这个世界。

三、"你都会自己买菜呀"

早上宏又向我投诉："爸爸什么家务都不干！家里的活都是我干的！垃圾也都是我扔的！"

我小心翼翼地说："可能爸爸很忙吧！因为经常早出晚归地上班，很辛苦。而且我觉得你很细心，知道要及时扔掉垃圾。"

"可是我也很忙。我从晚托班回家后还要做饭。做饭前我还得先洗碗。洗昨天晚上的饭碗。"

"那谁给你买菜呢？"

"冰箱里有啊！妈妈买好的。如果冰箱里没有菜了，我就去小区的店里买。"我还没来得及问钱的事，他自己哇哇哇哇讲下去了："我的手表里面有钱。妈妈会给我转账。我去买菜的时候，只要让店里的人扫一扫我手表就可以了。妈妈会每天给我转 50 元，买菜用！"

未必妈妈真给他每天转账 50 元，就像他爸爸妈妈的婚姻状态未必就是他说的已经离婚。但孩子的心感受到的，就是他全部的世界。

我再次大大惊叹！"哇！你都会自己买菜呀！还会自己付钱！太了不起了！"

四、"因为你很会做菜"

网购的书收到了。我把书放进一个透明的文件夹，在文件夹上贴好写有宏名字的便利贴。然后告诉宏："这是我送给你的书，因为你很会做菜！这本书里讲了一个小姑娘阿花，妈妈一直生病最后去世了。妈妈在去世前就想好了要教她学会做家务，这样就不担心阿花不能好好生活了。你比阿花幸福多了！妈妈只是搬出去住，她肯定会来看望你的。不过，你的妈妈和阿花的妈妈一样了不起，都教会了孩子做很多家务。"

他高兴地翻起书，看着阿花小时候的照片说："她好小啊！"

"对。比你小。她那会才读幼儿园。"

我让他自己拿笔，在书的扉页上写好自己的名字。一不小心，"年"和"日"字还都写错笔画了。看着这个小不点，这个最简单的汉字都会写错的小不点，每天要自己做饭，自己洗衣服，心里止不住地心疼。可是，我必须要在他面前控制自己的心疼。教师应该给予他的，不该是同情与怜惜。

五、"孤单的时候给我打电话"

我决定每天抽时间陪宏共读一段《会做饭的孩子到哪儿都能活下去》。早上，宏刚看到我带着书走近，就呱呱呱地跟我讲："妈妈双休日回来陪我了！"

"太好了！我说得没错吧？妈妈一定会来看望你的。"

"妈妈说，以后双休日她会尽量回来陪我。"他开心地笑，然后语气又低落了。"可是，今天回家又是我一个人了。我每天都是一个人。这样的日子好长，要一个星期呢！我晚上好孤单啊！"

"孤单的时候，给我打电话好不好？"我找出一张纸，写下我的电话号码。他小心翼翼地折好，放入口袋。

六、"现在送给你"

中午，陪宏读书之前，我先拿出一本笔记本递给宏，说："这是我最喜欢的笔记本，现在送给你。我们用来每天记录你前一天晚上做的菜，好吗？"

宏的双眼闪闪亮。

我说："我们把这本笔记本叫作'宏的菜谱'，怎么样？你来写下这几个字，写大点儿，再写上日期。"

他高高兴兴抓起笔写字，不会写的字我都写在小纸条上给他瞧。这一次，"年"和"日"都没有写错了。我还帮助他一起记录了昨天晚上的菜谱。

七、"你会使用洗衣机了"

每天抽时间陪宏共读《会做饭的孩子到哪儿都能活下去》和记录他前一天晚上的菜谱，已经成为我和他之间的特定节目了。

读书或者记录的时候，他最爱跟我各种聊天，说着说着就会流于诉苦模式。我总是主动去发现并赞美他的各种优点，免于他沉湎愁苦情绪。

看着他身上换了衣服和裤子，我称赞他："衣服裤子知道天天换呢！真好！谁洗衣服啊？"

他骄傲地回答："还有谁？当然是我。爸爸什么家务都不干。"

我的鼻子又开始发酸，但使劲忍住。"这么说，你会使用洗衣机了？太了不起了！我再崇拜你一次。"宏也忍不住笑起来。

然后补充说明："我晾衣服的时候，都挂不够，所以得搬个凳子，站在凳子上才能晾衣服。"

我突然想起来："那你做饭时候也要站在凳子上？"

宏答："对啊！我还会一边切菜一边让洗衣机洗衣服呢！"换作一个星

期前初听此话，我大概又会泪眼婆娑。这一个多星期，我尽力在陪伴宏，何尝不是宏在教我更专业、更理性地对待一个需要帮助的孩子呢！

我微笑着说："这应该也是妈妈教你的吧？你看，妈妈对你的爱，无处不在呢！"

八、"这些都是妈妈对你的爱"

今天，我问宏："你每天几点钟睡觉啊？要记得不能晚于9点。"

他说："我知道。"然后补充道，"我每天睡前会给爸爸用微波炉热好菜再睡。爸爸有时候会在9点后到家，有时候要到11点之后到家。我给他把菜热一下，爸爸到家的时候就可以吃上热饭了呢！"

我努力克制自己的眼神，要求自己不释放出任何怜惜，认真听孩子讲下去。

他说："我知道要用隔热手套把菜从微波炉里端出来呢！"我摸摸他的小脑袋，嗅一嗅："这也是妈妈教你的吧？还有，你天天洗头、洗澡了对不对？头发香喷喷的！也是妈妈提醒你的，对不对？这些都是妈妈对你的爱呢！"

傍晚，我在打扫教室的时候，宏同学因为没有完成语文、数学作业却又想溜走，被语文老师和数学老师分别批评。

他一边听批评，一边扭过头来看正在扫地的我，发射各种求助的小眼神。我坚决地不跟他对视、不搭理他。

等他补好所有的作业，整理好书包去教室外面排队的时候，我严肃地叫住他："宏，所有的小朋友都应该完成课堂作业。没有完成作业是不能溜走的。你今天这两点都没做好，希望你以后别再这样了。"

我不想让宏依赖我，并让他觉得能够从我这里得到毫无原则的庇护。如果让一个孩子觉得教师像妈妈一样爱自己，不见得对孩子是一件好事。过于依赖教师，很可能会导致在更换教师的时候，孩子会再次经历被抛弃的痛苦。即便再年幼的孩子，也应该让他明确教师不是母亲。母爱是指向他一个人的独一无二的爱，而教师给予他的是专业的、理性的帮助与陪伴，并非另外一种母爱。去疼爱一个孩子很容易，而去给予孩子力量、勇气、方向与能力并不容易，后者才是教师工作的方向。

九、"选一张你最喜欢的"

我带了不少卡片到学校，让宏选一张自己最喜欢的卡片。我对他说："宏，我觉得你这两个星期真是成了一个了不起的小厨师，所以我要奖励一张好看的明信片给小厨师。你可以选一张你最喜欢的！"

他高兴地犹豫了半天，挑了其中一张。

我哇哇叫："哗！你选走的也是我最爱的那一张呢！"他更加高兴。

我在明信片背后签好："致小厨师！"他拿着明信片，看了又看，非常开心。但是，他最后居然来一句："你不要告诉别人！"

他补充着："你不要告诉别人我在天天做饭。"

很多时候，孩子说的话，是需要大人去翻译出来的。宏这句话翻译过来，就是：我不要大家知道我妈妈不在我身边，我不要大家知道我的生活起居没有人照顾，我不要大家为此嘲笑我或者同情我……

我对着他用力点头，"我知道！这是我们俩之间的秘密！"

他灿烂一笑。

再小的孩子，也有他的个体意识。生活是他自己的，没有人能够替代。在没有得到他父母向教师提出的明确的、直接的帮助之前，教师并不适合主动去介入他们的家庭生活。在孩子单方面跟教师的互动接触过程中，不要去放任各种同情、怜悯与呵护，而是该尽到专业人士的责任——尽力去帮助、指导孩子远离愁苦情绪，建立直面现实生活的信心与勇气。

十、"不会像个小狗窝"

长假结束，宏很高兴地告诉我："妈妈回来陪我了呢！"

"真好！真为你高兴。"

"老师，寒假还要多久到啊？"

长假结束后第一天上课呢，就惦记寒假了。孩子有多留恋妈妈在身边的感觉，就有多期待妈妈能够陪着自己的假期。

"很快的，考完试就放寒假了，妈妈就会回来陪你了。"我安慰他。

可是下午活动课上，他却跟我投诉妈妈了："老师，妈妈这次有些过分了！她躺着看电视，却让我拖地板。我们家的拖把好重啊！还要把地板拖得闪闪亮才行。我都累得一身汗！"

我不知道孩子说的是不是事实，或者只是一个片面的事实。无论是怎样的真相，面对孩子的情绪，我觉得我始终该做的是：我要给他力量！我要帮助他的心灵强大起来！

在他面前批评他父母，或者表现出各种对他的怜爱，都不合适。既不能解决他目前的困境，也不利于他长远的成长。

我微笑："我觉得啊，妈妈是在教你怎么拖地板呢！把你教会了，妈妈不在你身边的时候，家里不会像个小狗窝。"

宏听到"小狗窝"忍不住笑起来。

我知道这很难——要我不去怜惜一个几乎要完全自己照顾自己的 8 岁男孩，但是我希望自己可以做到。只有我真正不去怜惜他而只想更好地帮助他，我才有能力去帮助宏更有力量地坦然面对自己的生活。

十一、"一定有办法可以去解决的"

午饭的时候宏哭了。问他为什么哭，他说："我手机里没有钱了！"

我问："你担心今天放学后没钱去买菜吗？妈妈不是会转给你的吗？"

"妈妈昨天转给我 20 元。可是，现在什么菜都涨价。我昨天买了做三明治的材料，把 20 元花光了！"

他双眼通红，饭都不肯好好吃。我揉揉他的脑袋，坚定地说："你放心，妈妈等会儿一定会给你转钱的。我还会有别的办法帮助你。你好好吃饭。吃完饭我们慢慢聊。"

午饭后，把宏带到办公室。路上我搂着他的肩头，他就势用力往后仰，直接半靠在怀里。这孩子是多渴望妈妈的温情？

我先陪他读书，再陪他记录昨天的菜谱。他高兴地问："我昨天把三明治切成了 5 份。自己吃了 2 份，给爸爸留了 3 份。我要不要写清楚 5 份？"

我说："好。"

他一边记录，一边叹气："做家务好累啊！我每天晚上要忙到十点多。"如果是自己的朋友，也是成年人，我会第一时间表达共情："真不容易！太辛苦啦！"但我知道，对着宏这样特殊生活背景的儿童，共情要极其谨慎，最好格外吝啬我的共情。

我对着他笑起来！"宏，我帮你想到一个好办法了！洗衣服和拖地板你可以轮流来。今天回去洗了衣服，就不要拖地板了。明天拖地板，但是不要洗衣服。"

他恍然大悟！"对啊！我怎么没想到呢！不然，我晾衣服的时候很累，拖地板的时候也很累，我洗完澡躺到床上的时候，真是一动都不想动。"

然后我才问："妈妈知道你手机里没有钱了吗？"

他突然想起来："妈妈知道的。昨天晚上睡觉前妈妈给我打电话，我告诉她了。她说会给我转钱的。"

我装作取笑他："居然忘了妈妈说过的话啦！真丢人！现在不着急了吧？记住啊，你要相信，当你遇到困难的时候，一定有办法可以去解决的。没钱买菜的时候你可以打电话问妈妈要，也可以问爸爸要。"

他严肃地告诉我："爸爸不给的，从来不给我们钱的。"

对于孩子的家务事，我更愿意选择不过问。如果不是孩子主动告知，我不会去询问他们家庭成员的相处模式。因为那样的询问有可能让孩子受伤。当宏这么告诉我的时候，我赶紧转移话题："你有困难的时候，也可以打电话给我。我一定会帮助你的!"

十二、"连预约煮粥都会"

今天问宏:"昨天妈妈给你转钱了吧?"

他高兴极了。"对,转了 50 元呢!"然后,他急着炫耀他的新本领:"我今天早饭在家喝粥了呢!我昨天睡觉前煮好的。电饭煲可以预约煮粥。我用了预约功能!"

我心里真咯噔了一下。我一直没留意他的早饭。我先表扬他:"真是个名副其实的小厨师!连预约煮粥都会!太厉害了!等会你要记在你的菜谱上。"他高兴极了。我再问:"那你没有煮粥的时候早饭吃什么呢?"

他倒轻描淡写:"什么都吃。"

"是早餐车上买的吗?"这边小区门口一般都有早餐车,提供各种早点。他心不在焉,回答我:"有时候是的。"可能早餐对于他来说,真没有什么问题。

十三、"很期待尝尝你的手艺"

陪宏记录他的菜谱的时候,他每次都特别高兴地让我猜:"你猜!我昨天晚上做什么菜了呢?"

我每次都故意猜半天,他就高兴。

"你下次有空来我家玩,我给你露一手!让你尝尝我的手艺!"他热情地邀请我。"好!很期待尝尝你的手艺!"我也痛快回答。

"红烧肉是我最拿手的菜。我昨天又做了红烧肉。我还会做披萨呢。下次我去买做披萨的材料。"他突然想起来,"不过,好像家里快没米了!"

"那怎么办呢?要不跟妈妈说一声?"

"也不能老是依赖妈妈啊!我会自己想办法的。"他很神气地回答我,"我可以请爸爸有空去买点米,不过我老是见不到爸爸。他总是晚上 11 点回家，早上 5 点就上班了。或者，我可以在放学回家的路上去小区店里买点米拎回家。"

真神奇！20 天前，他还哭丧着脸说"我没有妈妈了"。可是 20 天后，一句"也不能老是依赖妈妈啊"自然地从这个 8 岁男童的嘴里说出来。真佩服孩子在这短短 20 天里的自我疗愈。

感悟

以一种陪伴的方式存在

在获悉宏相比其他孩子比较特殊甚至困难的现实生活后，我一直回避跟他讨论他的痛苦，也不试图去用语言安慰，而仅仅是以一种陪伴的方式存在。我选择了陪他阅读，让他知道这个世界上他不是唯一一个需要做很多家务的孩子；我选择了陪他记菜谱，让他在记录自己一天天所做的菜中感受到自己的能量与力量。现实生活中让他焦虑与悲伤的事情仍然在，他不能掌控，教师也没有立场介入。但是，至少教师可以更好地去陪伴孩子，帮助他积攒自己的力量，让他凭自己的力量去直面自己的现实。

我会继续陪他阅读《会做饭的孩子到哪儿都能活下去》，也会继续陪他记录菜谱。今天这句"也不能老是依赖妈妈啊"让我看到孩子自己的疗愈能力其实是非常了不起的，他们没有成年人以为的赢弱、无力。当成年人怜惜孩子，他们就会顺势成为软弱的可怜孩子；当成年人为孩子创建一个朝向世界起跳的坚固踏板，他们会因此长成有力量的强壮孩子。

适当分离

——我陪学生风成长的故事

一年级的风是个自控能力极差的孩子，"上课不要做小动作"这样明确的指令，基本一分钟都坚持不了。除非写作业，否则他的双手一刻不停。而且他有超级浓厚的"眼观六路耳听八方"的兴趣与特长，随时随地开口大声接别人的话——有时候甚至只是经过他身边的别的班级的孩子在说话，他也能高高兴兴接上话。

这样一个孩子，可想而知父母有多焦虑。他们居然带他去测试智商。不出我意料，他的 IQ 非常高，118。我从来不认为他的智商有问题，只是他的注意力非常有问题。而注意力问题，又要追溯到风的婴幼儿时期的教养问题。他断奶以后一直被放在老家给爷爷奶奶带，老人家让电视机充当孩子早期教育的保姆。长期被强刺激——电视机里的激扬甚至夸张的声音、多变并绚丽的图画刺激长大的孩子，他对弱刺激——教师和父母的正常语音就失去一定的敏感了。

风直到读幼儿园大班的时候才来到苏州，与父母团聚。他跟父母其实有几年时间完全亲子分离。风是少有的淘气孩子，一分钟也不能安生。他的各种淘气令父母头疼，他父亲时常用体罚代替管教，打起风来的时候，"他爸爸看他就像看到仇人一样"，风的妈妈红着眼这样对我说。

一、每天来求证

有一次早上我进教室，风看到我就走过来，对我说："老师，我肚子好饿。"我吃惊地问："早饭没有吃吗？"他答："是的。昨天晚饭也没有吃。爸爸让我从放学后一直站到妈妈晚上下班。"当时，我拉着孩子去学校餐厅吃早饭，并给风妈妈打电话。在电话里，我直接说："我觉得你们简直有虐待儿童的嫌疑。孩子这么小，再淘气、多动，好好教育，甚至可以惩罚，但是怎么能这样饿他呢！"

这不是第一次让我感受到他爸爸妈妈对他非同一般的严厉。好几次风告诉我放学后被爸爸绑起双手教训到半夜。有时候上学来的时候脸上还带着体罚后的痕迹。

他最近每天放学回家的时候，到了校门口，一定会可怜兮兮地问我："老师，我今天上课有没有玩啊？"他是个不记事的孩子，每天做错事挨到的批评，不出三分钟就忘得干干净净，经常高高兴兴的。大概爸爸妈妈需要他每天总结汇报在校表现，所以他天天放学前来跟我求证。

二、橡皮去哪儿了

今天周五。下班路上接到家长电话，是风的妈妈。

电话里，风妈妈跟我核实一块橡皮的事。

昨天（周四）晚上，风妈妈晚上十点多下班到家，孩子被爸爸罚站在阳台上。原因是：写作业的时候橡皮找不到了，而爸爸记得早上把橡皮放在他文具盒里的。爸爸反复追问风，橡皮到底哪里去了。他却说不知道。

我听到这里，有些不淡定了，几乎用质问的口气对着风妈妈说："你们怎么可以罚孩子站那么长的时间！怎么可以让孩子站到那么晚呢！他还是个一年级孩子，在9点前就应该睡觉的！"

我当然知道孩子爸爸不是担心丢一块橡皮，而是担心他是不是上课又不停玩橡皮而没有认真听课。

风妈妈继续："我们问了很多遍，他才承认，是上英语课的时候玩橡皮被您收走了。是这样吗？"

我不急着回答。

风妈妈再继续："我们就教育他，要在第二天也就是今天，让他向您道歉，保证上课不再玩橡皮。结果刚才放学的时候，他跟我说，您已经把橡皮还给他了。我问他有没有跟沈老师道歉，他说没有，他自己到您那里去把橡皮偷拿回去了。这个孩子怎么老是记不住我们的要求呢！"

我实在是很同情风，也同情风焦虑的爸爸妈妈。

三、并不是撒谎

所以，我尽量温和再温和，但还是表达了我的否定。"我跟您表达一个观点，希望您能接纳。家校保持适度的联系，可以更好地教育孩子。但是，我觉得，一般情况下，家校也要保持一定的分离。也就是说，孩子在学校里的表现，家长别过于焦虑。以后如果教师不联系你们，证明孩子在学校里没有太大问题。他不认真听课、对小朋友惹是生非、参加集体活动不遵守规则，这种问题老师们看到了都会批评教育的。您要相信老师，该教育的绝对不会姑息的。他是个不记事的孩子，面对你们反复地追问和不相信，他只好胡扯'橡皮被沈老师没收了'，事实上我没有没收他的橡皮。但我不认为他是在撒谎，而是他实在太累、太想结束你们的审问，才信口开河。如果事后你们还要验证他是否在撒谎，并继续追问他'为什么撒谎'，那让孩子怎么办呢？他也许只能再胡扯一通。很多时候，年龄小的孩子的所谓'撒谎'就是这样产生的。"

我继续："还有，就算他的橡皮是上课期间被老师没收的。那么，没收他橡皮本身就是一种惩罚。而且，没收橡皮的时候，老师也一定会有批评教育，这就够了。爸爸妈妈没有必要每天追问孩子在学校的不良表现并加以批评甚至体罚。他在家里的行为有不合适的地方，你们再去批评教育好了。"

四、不过分强调

我再继续："今天放学的时候，风又来问我：'老师我今天表现好不好啊'。"我就告诉他：'我看到体育课下课后体育老师在单独批评你，我想你体育课上表现不好。但你今天中午休息时间很专注地自己折纸玩，没有再像以前那样不停地东张西望。'其实，他被体育老师单独批评的时候，我看到了。但是我没有因此再批评他，因为我认为体育老师已经批评了。如果我在体育老师之后也去批评他，再把体育课上挨批的事情转告给你们，然后你们再批评一遍，那么，他的不良行为其实是先后三次被强调，他反而会对不良行为印象深刻。下次体育课，同样的毛病很可能再犯。"

我甚至提供女儿小时候的案例跟风妈妈分享："我女儿读幼儿园小班时候，有一段时间，不肯午睡。非但不肯午睡，还天天把浴巾折腾出声音影响别的小朋友。老师天天批评，我回到家也天天批评'午睡时候不要弄浴巾'，可是毫无效果，她就是天天在午睡的时候折腾浴巾，影响其他小朋友。后来，我放弃在家里就她的学校表现教育她。我意识到这样下去是在强化孩子对不良行为的印象。我相信她的这个不良表现，有学校教师的批评教育就够了。事实上，我放弃在家就孩子这个问题批评教育之后不久，孩子在学校的这个问题也没有再出现。"

风妈妈有些不敢置信我的言谈——教师居然不要求家长就孩子在学校的不良行为进行批评教育？其实，我也是有私心的。我总觉得，家长与教师应该各司其职。孩子在校的学习与行为，教师来管教。孩子在家的不良行为——比如回家不肯写作业，这种事也应该由家长在家督促，而不是简单地双手一摊："老师，孩子不肯听我的，麻烦您跟孩子说一说让他回家写作业。"

我曾认真答复这样说的一个家长："为人父母，的确不是易事，需要持续陪伴孩子并不懈学习，学习如何让自己的指令、教导能够很好地被孩子接受并执行。孩子在家应该完成的事，如果寄望家庭以外的人来督促完成，这无益于一个家庭长远的幸福。"

家校可以适当分离的。父母守在孩子身边，完善孩子的家庭教育。教师等在教室，完成孩子的学校教育。家庭教育与学校教育可以并行，甚至靠近，但不必错位。

五、放学后不留他

课间去走廊护导，一群小不点立马围上来，各种碎碎念，我都来不及倾听与回应。他们爱跟我聊各种大事小事。

一瞥之间，看到男孩风的脖子上有一条红色的伤痕。这是一个奇怪的痕迹，孩子很少会自己伤到脖子。

我唤他走近，问："你脖子上的伤痕是怎么回事？"原来还眉飞色舞的他，立马蔫了下来："妈妈打的。"

我继续问："妈妈用什么打的？""爸爸的皮带。妈妈用皮带打我。后来有一天爸爸也用皮带打我。"

我把他揽在怀里，撩起他衣服后背。腰部一片瘀青！深深浅浅的各种青紫色，从满满的腰部一直往下蔓延。我把他的裤子稍微往下拉了一点点，全是青紫色，可以想象他小屁股的模样。看得我要掉泪，忍不住用手指戳着他的脑袋："你为什么不长记性啊！"

风也掉眼泪了，说："只要我放学被留下来，爸爸妈妈就要打我。"我忍不住担心地问："又没给你吃饭？""是的。只要我被留下来，爸爸妈妈就要打我，而且不给我吃晚饭，也不能吃早饭。"其实我放学后从来不留学生，他语文、数学作业常常拖拉，但两位老师也不会留他太晚，最多放学后半小时。

长叹。我可以报警吗？报警可以解决最终问题吗？我一直约孩子爸爸面谈——因为他体罚孩子的频率远胜于妈妈，他一直回避。跟孩子妈妈聊过，我们两个老师也反复劝她，不要用体罚代替教育。可是，一点效果都没有。

改变一个成年人，这是很难的。不然要警察来干什么呢。

对着孩子，我还是希望指向比较光明的那一面："爸爸妈妈打你，是他们希望你长记性，及时完成作业，不被留堂。他们也希望你遵守课堂纪律，放学后不被留下来批评教育。他们希望你长得更好，心里着急才会打你。"

一方面又苦口婆心："你要长点记性啊！被皮带打，身上多疼、心里多难受！你要改掉自己的坏毛病啊！"

另外忍不住还是叮嘱他："如果你没有吃到晚饭和早饭，到了学校要记得跟老师说。你到了学校，老师就是照顾、帮助你的那个人。老师不能让小朋友饿着肚子上半天课。"

他可怜兮兮地说："爸爸不让我说没有吃饭的事情。"

估计说了又要挨打？

这简直令人绝望。孩子就在你眼皮底下，你想着慢慢去引导、去陪伴、去教育他，可是他的父母等不及。体罚、甚至虐待儿童，就在我的身边发生，可是我无能为力。

也许，对风最有效的呵护，就是保证他不因为在校表现而挨打、保证他每天能够吃上热乎乎的晚饭和早饭。

心酸之余，跟语文、数学老师达成共识：无论他在校作业多么拖拉并完不成、课上课下多少违纪行为，我们三位教师放学后都不要留他补作业或者反思，而是让他跟着同学们一起放学。我们班的平均分如果因为他而低下来，真的没关系。对于一个孩子而言，作业、成绩与表现没那么重要，不挨打、能够吃上饭才是重要的。

男孩子的成长有时候是非常玄妙的、一夜之间的事情，早晚有一天他自己的心智会开窍。人生这么漫长，完全可以用来慢慢生长，完全可以在离开学校后继续生长，长到懂事、明理。

但我仍然对他父母尚有幻想。

当然我知道，他们需要的不是我的批评：你们太不会做父母，你们对孩子太狠心，你们虐待儿童。他们不需要这些。这些话也许只会令他们厌烦而恼怒。说这些正确而毫无功效的话，毫无意义。

我给他妈妈发了几条消息：我今晚读书，《如何养育男孩》里面提到一种情况，我觉得跟风很相似，即注意力缺陷多动障碍。应对之道是：让孩子多运动。以后他上课坐不住的时候，我可能让他去操场跑一圈再回来上课，希望你们能够支持。如果在家里，实在闹腾或者动作格外拖拉的时候，爸爸妈妈也可以陪孩子去跑步。他需要比较大的运动量，释放他的情绪。建议孩子每天回家后都有至少一小时的运动量……

六、有点进步了

最近几天，风其实有一项进步，就是渐渐减少转过去看人。以前，不论做操、上课、吃饭、行走的时候，他总是一刻不停地转过整个身子去张望，看看有无可以让他讲话的人与事。能让他有些许进步的，并不是批评，而是持续不断地对他说："我看见你今天午休的时候自己玩折纸，不仅玩得很高兴，而且玩得很认真，没有转过去看别人。""你今天吃饭的时候能够看自己的餐盒了，没有转过去看别人。"这样描述他正确行为的句子，其实都是在正向地肯定，比简单的"你表现真好"更有指向意义。

肯定正确的行为一遍，胜于批评错误的行为十遍百遍。

感悟

教师与家长要各司其职

教师在向家长汇报学生的不良行为之前，需要做出一个预判：这个不良行为，有多大的破坏性？是在校发生的不良行为，还是离开学校后的不良行为？撒手不管当然不对，但是动不动就因为学生在校的不良行为要联系家长就夸张了。上课玩橡皮、不认真听课、课堂作业拖拉……这都是教师要管教的职责，教师自行批评教育就好。同理，孩子在家的各种行为，家长才是第一负责人，要承担起管教的职责。大家各司其职，各自负责，孩子才有可能成长得更好。

有些家长也混淆边界意识，动不动就对教师讲："老师，我相信你！我的孩子交给你了，他家庭作业不做你就放学后让他留堂好了，让他把家庭作业写好后再回家。"家庭作业是对当天学习知识的温故知新，家长有责任督促孩子认真完成，帮助孩子养成良好的学习习惯。这么重要的责任，意图推给教师，完全是在推卸为人父母的责任，还美其名曰是对教师的信任。

很多成语其实都蕴含着深刻而简练的含义。比如：各司其职——教师负责孩子在校期间的学习、活动、与同学和老师的交往情况，家长负责孩子在家的生活、学习、娱乐、与家人的互动情况。当教师和家长都厘清个人工作权限的边界，各司其职，孩子一定可以成长得更好。

爱你本来的样子

——我陪学生东东成长的故事

东东同学也是个特殊的孩子。一年级的上学期没有家人来陪读，他从来不遵从任何指令与规则。

上课，他不是坐在座位上从头到尾发呆，就是站在椅子或者桌子上，有时候甚至爬到窗口去摘窗外的树叶。不然，就是离开座位在教室里转悠。有时候去教室角落研究，还把桶装水的盖子撕掉，往桶装水里面丢东西。还上演过徒手拆掉一个个插线板的危险节目。

下课，他就满校园乱跑。他最热爱的一件事，就是去各条走廊、各个卫生间，去不停地关灯、开灯。有一阵子，他极其热爱拆东西。有一次，他把每个同学的储物柜上的小门，徒手卸掉上面的螺丝——只卸掉 3 颗，尚剩 1 颗。这样的话，只要你不去动柜子门，就看不出异样。

还有一阵子，他热爱学校里各个角落的消防栓。把消防栓拽出来，打开阀门。不是弄得遍地是水，就是把自己淋得浑身湿透，他家人不得不送衣服到学校给他替换。

如果是单元练习课，他拿到卷子，不仅从来不写，而且整节课都抖动卷子，持续发出窸窸窣窣的声音。

其实，他的智商没有半点问题，甚至非常聪明。而且他还有个优点，他从来不撒谎。当班主任告诉我："东东把每个同学的储物柜的门上的螺丝都卸掉了 2 颗。"旁听的他，会大声纠正班主任："不是 2 颗螺丝！是 3 颗！"

他简直是很多老师的噩梦啊！

到了一年级下学期，孩子们会开始问了："老师，东东是傻子吗?"我总是微笑："不是。他只是长得有点慢。你们都已经是一年级的同学了，他还有点像有些小朋友家里的弟弟妹妹。我们等等他，他也会慢慢长得跟我们大家一样懂事的。"

一年级下学期，经过批准，他的家人来学校陪读。

一、踢了我一脚

周四，是我课间护导。

听到下课铃声响，我一秒钟都不敢耽搁，从三楼的三年级班级准时下课，然后冲到一楼一年级教室的走廊。在走廊里，一遍遍提醒我的一年级小孩子们："慢慢走，别跑！"

下一节课的预备铃声响起，孩子们纷纷回教室。我也准备去另外一个班级上课。一回头，瞥见东东同学正和妈妈在玩儿。

这学期先是奶奶来陪读，最近妈妈辞职来学校全程陪读。在陪读之前，老师跟东东讲话，他虽然基本不听取任何建议、提醒，保持一贯的我行我素，但至少我们说话的时候他会听你在说什么。妈妈来学校陪读以后，他就完全忽略老师们、甚至小朋友们。课上、课下，他只跟妈妈一个人说话。他告诉过我，他最爱妈妈，而且他觉得家里只有妈妈是爱他的。我有时候觉得，这个孩子在情感发育这一块，他就像个婴儿一样跟妈妈不分你我。

我走过去，摸摸他的小脑袋，说："东东啊，不能只和妈妈玩儿，也要和小朋友一起玩啊！"

他二话不说，抬腿，使劲踢我。我没有防备，来不及躲闪，而且腿上只穿着丝袜，被他踢得很疼。

他妈妈尴尬不已，一边喝住东东，一边命令他："不可以踢老师！赶紧道歉!"一边对着我不断赔不是。

东东才不会理会妈妈。我当然也不会对他这样的孩子生气——因为他不懂事,因为他需要特殊对待,他才会这样对我。如果我计较,如果我跟他生气,哪里能算是一个有专业素养的教师?教师的意义就在于,想办法去帮助孩子更好地成长,而不是因为他们成长过程中的各种过错而生气。孩子犯错误,可以指出,可以批评,甚至可以适当惩罚,但没有必要为孩子的错误而自己生气。

我严肃地对东东说:"你这样做是不对的。我今天不想跟你说话了。"——虽然他说过最喜欢的老师是我。但是我转过来对着东东妈,却又温言细语:"您别难过,我不会怪您的,您也不容易。孩子的问题,大家一起慢慢来吧。"

这不是东东第一次踢我。

二、上次是狂踢

最近东东简直热爱用脚踢老师。

第一次踢老师,是踢数学老师。数学老师简直被踢蒙了。当天下午,数学老师听闻东东也踢我了,告诉我:"沈老师,我觉得自己心里不那么难受了。"

那是我第一次被东东踢到。那天是在英语课上。他从头到尾不听课,而且动不动去抢边上小朋友的文具,影响他们上课。我每次都温和阻止:"不是你的东西不可以拿。""留在你的座位上。"——为了另外 49 个孩子的课堂学习,我选择尽量低调地提醒。

但是东东变本加厉。在我打开投影,给孩子们示范指导学写新字母的时候,他走过来,对着我扔橡皮屑。每次我仍是轻声提醒:"不可以对我扔东西。"他继续嬉笑着过来抢我手里正在范写的铅笔。这次我很严肃地对着他说:"你不可以抢我的铅笔。"他不理会,继续抢。屏幕上向全班孩子呈现的，是一大一小两只手，在争夺与保卫一支铅笔。我的范写来不及完成，就会影响到孩子们在课堂内完成作业。

我叹口气，把他抱起来，放在边上，对他说："你就站在这块地砖上。不可以离开这块地砖。"他听闻此话，二话不说对我狂踢。

还真疼。

我不生气，保持平静。但是他每次试图"突围"离开那块地砖的时候，我一边上课，一边阻止。他大概感受到了我温和后面的强硬，试了几次后，只好放弃。

他放弃突围就好。不能苛求更多。

三、还想戳瞎我的眼睛

东东不仅要踢我，还对我非常"仇恨"。

有一次，我给孩子们过关测试——每个孩子依次来读单词与课文给我听。书上有爸爸妈妈的签字"已读 4/2"这样的字眼。每一个这样的签字，我就盖一个笑脸章。粗心的爸妈，一个单元也就签字 3～4 次；而认真负责的爸妈，一个单元上会出现十多个签字。

东东的课桌在我对面，他那天特别沉静，看着一个个小朋友来过关测试。听到小朋友有读得不规范的地方，会及时指出来。我开玩笑叫他"东东老师"，他也高兴。轮到他读，他读得非同一般的字正腔圆。说来惭愧，真不是我教的。他上课基本不读不写，都是回家后爸爸妈妈陪着他跟着光盘学习的。

后来来了一个小姑娘，书上居然有近 20 个签字，而且这一连串签字都排列整齐。我一边赞扬，一边给她盖满一排的笑脸章。

这时，东东冷静地举起手里的铅笔，对我说："我要用这支铅笔，戳瞎你的眼睛。"

我微笑："是不是看见我给小朋友盖这么多笑脸章不高兴？那你也可以

回家天天读，然后请爸爸妈妈签好日期，我也给你盖很多笑脸章啊！"

他沉浸在自己的思路里："是不是我戳瞎了你的眼睛，你就不可以给小朋友盖那么多笑脸章了？那我就用这支铅笔戳瞎你的眼睛，而且两只眼睛都要戳瞎。"

我继续微笑："你戳瞎我的眼睛也没有用。我的眼睛瞎了，不能给小朋友上课了。那么学校会派新的老师来给大家上课。新来的老师还是会给每天读英语的小朋友盖很多笑脸章。"

我始终波澜不惊，倒令他彻底无语——他难得地沉默了好长时间。

四、把办公室电闸拉了

一个特殊孩子的背后，必然有一对非常辛苦的爸妈。

孩子妈妈问过我很多次："老师，是不是他的智力有问题？"

我每次总是肯定地回答："没有任何问题，他很聪明。只是他对规则毫无概念，对大人的指令也没有半点听取的意识。你们对他真正的帮助，不是每天陪他复习、巩固学科知识，而是帮助他学会对普通规则的遵守，这样才对他未来的人生真正有益。"

孩子妈妈不容易，给他找了专业的行为矫正师，每周去上一次课，费用不菲。我仍然会给一些我的建议。比如：既然他那么喜爱开灯、关灯，喜爱拆东西，就请爸爸妈妈给他准备大量的可以拆卸的东西。如旧闹钟、旧台灯、旧自行车、旧收音机之类。也可以给他上专业的电路知识课，让他理解开关与电灯之间的关联。他妈妈陆续给他准备了上述东西，供他研究。

有一次课间，我刚回到办公室，东东从门口探入小脑袋，指着开着的电灯没头没脑地问我："是你把闸门推上去的吗？"

我奇怪地问："你在说什么？我没听懂。"

他继续问："是你把闸门推上去的吗？"

我还是没听懂，他一溜烟跑了。

这时，坐在我对面的同事反应过来了。她说："我进来的时候，办公室的电源被切断了。电灯、电脑都断电了。我刚把电闸推上去。大概是东东趁我们都不在，进办公室把电闸给拉掉了。"

话说到这儿，我和同事都吃惊地盯着办公室的电闸看。电闸在我的办公桌紧挨着的墙上的高处，我都够不着。

我跑到教室找东东，问："你把我们办公室电闸拉掉了吗？"

他一脸嫌弃我很笨的表情，再次反问我："对啊！是你把电闸推上去的吗？"

我来不及回答他这个问题，问："可是电闸那么高，你怎么够得着呢？"

他奇怪地看看我："我在你的椅子上爬上去的啊！"

"可是站在椅子上也够不着啊！"

他继续一脸嫌弃我的表情："我先从椅子上爬到桌子上，然后站在你的桌子上就够得着了啊！"

我简直被他吓晕。这要多危险！我正色跟他说："以后不可以跑到办公室去拉电闸。"

他一派天真烂漫："可是，那是你的办公室啊！"

可是，那是你的办公室啊！这意味着，在他的理解中，我，不是一般的其他老师，而是应该接纳他的"你"？"你"应该听得懂我的话，"你"应该理解我的行为，"你"应该知道我不会表达的想法，"你"应该和我站在一边而不是我的对面？

教书不易，育人更难。孩子，但愿我可以做得更好，对你的帮助可以更多。

五、第一次得"优秀"

二年级了，东东的妈妈还是每天上午来学校陪读，下午带他回家。而他们班，每周只有一节英语课是在上午。一周只有这一天的课上才有机会见到东东。

他对老师的指令仍然无视。上课不跟读，不写作业。最近不离开座位，已经是巨大进步了。

上一节英语课上，他难得地保持始终看屏幕、看我。虽然从来不跟读，不参与齐读，但是我一次次邀请他单独朗读，他每次都能语音清亮地朗读单词与句子，发音还字正腔圆。

那一节课，我看到了等待的结果，看到了东东在极其缓慢而艰难地成长。

那一次课后，我当着他的面，对着他妈妈表扬他的进步。他平静地站在我和他妈妈边上，很淡定的模样。

这节英语课，我们做练习。我使尽各种招数，哄着他跟其他孩子一起完成了单元练习卷。我当堂给他批改了一下，成绩"优秀"。这是开学两个多月来第一次他在课堂上动笔。下课后，我对他说："今天我要对你妈妈夸夸你。"他不排斥地任由我牵着他的手，把他送到在走廊里等他下课的妈妈身边——他妈妈的陪读，从坐在他课桌旁边，慢慢可以撤退到走廊里。每次在走廊里遇到东东妈妈，我总是表达共情："妈妈太不容易了。""妈妈太辛苦了。"

我对他妈妈说："今天妈妈可以好好吃一碗饭了！东东上课特别合作，跟其他小朋友一样，完成了单元练习，并且成绩优秀。我觉得妈妈可以给爸爸也打一个电话，让爸爸今天午饭也可以高兴地多吃一碗。"

六、帮雨伞排队

（一）前几个星期

东东开学后很长时间都只是上午来学校，他们班每周 3 节英语课中只有星期三的英语课在上午。就是这每周一次相遇的课，也让我应对得十分辛苦。他不读书、不写字，经常离开座位，有时候还要抢小朋友东西，或者整节课折腾出奇奇怪怪的声音。

但我还是忍不住对他说："我希望你星期四和星期五下午也来上英语课。"

他直接问我："我来了你会怎么样？"

我很诚实、一点也不夸张地告诉他："你来了二（3）班才完整了。"

他没说话。但是后来每周四和周五下午，他都愿意从家里再来学校上英语课。很多次他提前到了学校，都会到办公室找我，提醒我要上英语课了。

"你来了二（3）班才完整了。"这句话，能够让孩子找到自身存在感。"我是这个班级的一员。""老师希望看到我在。""我是被人看见的。"这样的存在感，也许可以帮助他获取更多的自身认同，能够更好地社会化，能够早日和其他孩子一样上学。

（二）前几天

英语课上，东东把数学书、数学试卷扔了一地。我一边上课，一边给他捡起来，轻轻放在他桌子上。

他奇怪地看我一眼，再次把数学书、数学试卷往地上扔。

我也再次弯下腰去捡。

他急了，大声质问我："你干吗？"

这一声质问倒是提醒了我，我要从他的立场去理解这个问题。我想，上面那节课应该是数学课。于是，我握着他的数学书和试卷，递给他："你觉得上英语课了，桌子上放不下数学书和数学考卷。"说完，停顿了一下。

他说："嗯。"

我缓慢地说："你可以把数学书和数学考卷放进自己课桌里。"一边安静地看着他，一边做了个往桌肚里塞东西的手势。他警惕地盯着我看，慢慢地、慢慢地把数学书和数学试卷放进桌肚里。

"你觉得上英语课了，桌子上放不下数学书和数学考卷。"这句话，能够准确地描述出他自己说不清楚的、往地上扔数学书的动机。有些孩子，会因为自己无力准确地表达自己的意图，身边的成年人又不能准确地描述出他的意图而过于焦虑、抑郁或者狂躁。

（三）最近几节课

进入期末复习阶段了。每节课都会有作业了：抄写、默写，或者练习卷。对于普通孩子而言，完全不成为负担。因为抄写与默写的单词都只有几个，而练习卷基本上一半是听力，答题也基本只是圈圈、选择或者连线。

但是对于东东来说，是巨大的考验。

我很少对孩子使用奖品，因为不愿意"物化"孩子对获取知识本身的成就感。但是到了复习阶段，我每节课上课之前，都会认真对东东说："你上课跟小朋友一样完成作业，我就给你写小奖状。"有时候他写了个开头不肯写，我总是提醒他："我觉得你能得到我今天写的小奖状。"

他问："是不是我得把作业都写完？"

我回答："是的。你能写完作业的。"

"你能写完作业的。"这句话，一定比"你得快点写完作业"更有效。这句话里有信任、有期许、有明确的小目标，但没有一丝批评与指责。也许，这样能够更有力地敦促孩子完成作业。

（四）昨天

课堂上，小朋友们先在 2 号本上完成默写，然后做一张阶段性练习。整个过程持续了整整一节课，东东居然前所未有地跟其他孩子全部同步。

不过，卷子做到一半的时候，他拎着考卷就走到了讲台上。

我看着他，对他说："你想到我身边来做考卷。"

他说："是的。因为我不会的题目你会教我的。"

"你想到我身边来做考卷。"这句话，描述了他当时的心情与行为，也让他得到了确认："我是可以走到老师身边去做考卷的。"所以，他才会有力量、很自然地说"你会教我的"。

那节课后，他拿着我写的小奖状冲到走廊里找妈妈。我在边上对妈妈补充："东东和其他小朋友完全同步，40 分钟一直在学习，完成了默写本和试卷。"东东的妈妈笑得真像要哭出来了，我都不忍直视。

（五）今天课间

经过走廊，看见东东在 2 班走廊里忙碌。他把 2 班孩子们早上带来的长柄伞从水桶里抽出来，然后逐一挂在柜子上。2 班的孩子们多少知道东东有些跟别的小朋友不一样，他们有些小抗议，但又没有勇气上前阻止他，只好焦虑地互相张望。

我经过的时候，说："东东，你在帮这些伞排队。"

他高兴地回答："对！"

我提醒他："可是，你还没有取得这些伞的主人的同意。我觉得你应该问问这些小朋友同意不同意。"

他放下手里的伞就走开了。

"你在帮这些伞排队。"这句话，能让他觉得我知道他在干什么。这个 8 岁的男童，只是在给雨伞排队，这是他发明的一个游戏。我没有斥之为"捣乱""不可以拿别人的东西"。我不批评他的这个游戏，我只是建议他要征求他人的同意。他主动放弃，意味着这个建议他多少听进去了一些。

我一直用"你"字在跟东东说话。陈述"你"做的事情，然后再描述或者猜想"你"做这件事的意图，最后才提出我的建议。越来越发现用"你"字说话的力量。也许，经历了这样的过程，"我"才能帮到一个一个的"你"。

感悟

爱你本来的样子

读过《中国教师报》上布朗先生关于女儿的文字《乔伊》，"被上了一课"的不仅仅是乔伊的父亲——这个具有高度专业素养的美国教师布朗先生，也有我。乔伊的母亲不是教师，可是她无比睿智地告诉布朗先生："那就是乔伊。她是什么样，我们都需要爱她。"

布朗先生写乔伊，当然不仅仅因为乔伊是他的孩子，更是因为担忧："不知道我们教师中有多少人珍视我们所教的每一个孩子，为他本来的样子。"

爱你本来的样子！作为教师的我，对每一个孩子都做到了吗？

那些聪明的、善良的、学业优秀的、性格乖巧的孩子，很容易让人爱他本来的样子。不仅仅我会爱他本来的样子，很多与他初识的人都会喜爱他。可是，对于那些顽皮的、愚钝的、成绩糟糕的、性格古怪的孩子，我是否由衷地因为他的本来模样而喜欢他呢？

当然也有很多为这样的孩子高兴的时刻。因为他考试成绩有进步了；因为他字迹端正些了；因为他上课规矩点了；因为他少了很多调皮捣蛋的行为……孩子有进步有提高的那一刻，我是真心喜欢他。

可是仔细剖析，我是爱他的本来模样呢，还是爱他被我一刀一刀雕刻、打磨后的形象呢？

当然想到东东。两年里他一直是我特别关注的学生，天天斗智斗勇。哪一回合如果是我"胜利"了，我会由衷地欣欣然，越看他越可爱。可是，如果哪一回合是我"落败"了，他在我眼里、心里实在是个令人头痛的小魔王。显而易见，我哪里会爱他的本来模样，我更爱我自己加工过后的"作品"，爱那个按着我心意改变的模样——尽管，我的心意冠冕堂皇、理直气壮。

突然气馁。我向来秉持的对孩子们的温情与善意，是否毫无功利？当我面对一个不可爱的孩子的时候，我的温情与善意尽管动人，却不无目的：希望借此感化他、改变他。如果他不能如我期望的那般有进益，我随时会沮丧、动摇，何曾有过坚定不移的立场——向孩子传递"即使你那副模样仍然喜欢你"的信息？

布朗先生提醒得好："每一个学生都是'乔伊'。"乔伊在课堂上爱讲话；还有的"乔伊"在我讲课时喋喋不休；还有的"乔伊"不肯写作业；

还有的"乔伊"净抱怨家庭作业；还有的"乔伊"小心眼、爱生气、爱跟同学打架……这样的"乔伊"在我的课堂上不断出没，如果我净看到他们的顽劣与不堪，孩子如何实现他们的自身潜能？

真的感谢布朗先生。读《乔伊》，从此提点自己：爱孩子本来的模样。在问题孩子诸多的行为问题后面，同样有独特、美好的品行，不能放任这些独特品质因为他的行为问题而被遮掩。看到他的问题，也看到他的独特，在一开始，就因为他自己的模样去喜爱他，然后，慢慢陪伴他、引导他——

附：

二年级升三年级的期末考试，东东的英语成绩达到"优秀"，而且分数很高。但是语文、数学都是不答题，都交空白卷。他升入三年级后我不再教他。